JN280226

開発途上アジアの学校と教育

効果的な学校をめざして

アジア開発銀行
香港大学比較教育研究センター 編

山内乾史 監訳

学文社

原著はしがき

　アジア開発銀行(以下, ADB と略)はアジア太平洋地域の教育セクターに対する資金提供と技術的アドバイスの主なソースである。ADB は 1990 年以来, 教育に 35 億ドル近く提供してきた。これは, この期間の年あたり全 ADB 貸付額の平均約 6 ％である。ADB は, 人間開発が国家的・経済的発展の基盤であり, 教育——特に基礎教育——が人間開発にとって根本的要素であることを認識している。ADB は, その教育投資が効果的に目標に向かい, 効率的に用いられることを確かなものにしようとしている。さらに, ADB は, 教育セクターの地位と開発のニーズについての注意深い分析に基づいた明確な政策枠組みが効果的な投資には不可欠であることをも認識している。

　したがって, 新たな教育セクターの政策ペーパーを準備する基礎として, レビューと分析の広範囲にわたるプロセスに ADB はコミットしてきた。政策ペーパーによって, ADB は 21 世紀の最初の数年において教育をサポートする方向へと向かうであろう。政策ペーパーは一連の活動に基づき, 教育政策が, 急速に展開する域内の環境を適切に反映するように, すべてがデザインされている。

　ADB は政策形成プロセスへのインプットとして 8 ヵ国のケース・スタディと 5 本のテクニカル・ワーキング・ペーパーを委任した。これらのケース・スタディは, 関心の対象となる諸国家の先端的な教育調査機関によって企画され, 教育のイッシューと諸政策を分析したのだが, それらが展開されて新たなイッシューが出てくることになった。テクニカル・ワーキング・ペーパーは, 域内の教育開発の選ばれた横断的なイッシューを検証した。ケース・スタディとテクニカル・ワーキング・ペーパーは, 政府の教育省, 財務省, 計画省の代表を含む重要な域内のセミナーで議論された。後に, ケース・スタディとワーキング・ペーパーは『**アジアにおける教育と国家の発展——トレンド, イッシュー, 政策, 戦**

略──』という一冊の出版物にまとめられた。この研究は同様に，ADBの教育セクターの政策ペーパーへのインプットであった。

　この5本のテクニカル・ワーキング・ペーパーは大量の利用可能なデータと分析を含んでおり，域内外の教育の政策決定者，実践家，学者にとって大いに利用可能なものであることを請け合うのは重要である。結果として，改訂版はADBと香港大学比較教育研究センターによって完全に共同で，『開発途上アジアにおける教育』と題されたシリーズの分冊として別個に発刊されている。これらのペーパーとその広範な利用可能性とによって，域内の教育開発への勃興するチャレンジがよりよく理解されるのに貢献することをADBは希望するものである。ADBはこの出版に当たり著名な学術機関とのパートナーシップをもてたことを喜ぶものであり，著者と協力者に対してそのコントリビューションに感謝するものである。

ニハール・アメラシンゲ
ディレクター
農業・社会セクター部門（東部）
アジア開発銀行

アキラ・セキ
ディレクター
農業・社会セクター部門（西部）
アジア開発銀行

目　次

原著はしがき　　　　　　　　　　　　　　　　　　　　　　　　　　　i

第Ⅰ部　教育における運営と効率：目標と戦略

イントロダクション　　　　　　　　　　　　　　　　　　　　　　　3
第1章　アジアにおける教育運営　　　　　　　　　　　　　　　　　7
　第1節　教育の運営　　　　　　　　　　　　　　　　　　　　　　7
　第2節　効果的な教育運営のためのインジケーター　　　　　　　10
　第3節　中央レベルの運営：成長とエラボレーション　　　　　　10
　第4節　教育省中間レベル　　　　　　　　　　　　　　　　　　19
　第5節　校　長　　　　　　　　　　　　　　　　　　　　　　　21
　第6節　要　約　　　　　　　　　　　　　　　　　　　　　　　27

第2章　教育段階ごとのイッシュー　　　　　　　　　　　　　　　28
　第1節　初等教育　　　　　　　　　　　　　　　　　　　　　　28
　第2節　中等教育　　　　　　　　　　　　　　　　　　　　　　29
　第3節　職業／技術教育　　　　　　　　　　　　　　　　　　　30
　第4節　高等教育　　　　　　　　　　　　　　　　　　　　　　31

第3章　今後10年間の主要なイッシュー　　　　　　　　　　　　　33
　第1節　よりよい学校教育の質を目指して　　　　　　　　　　　33
　第2節　効率へのさらなるプレッシャー　　　　　　　　　　　　35
　第3節　地方分権化　　　　　　　　　　　　　　　　　　　　　40

第4節	民営化	45
第5節	教育運営情報システム（EMIS）	48
第6節	教員組合の組織化	50
第7節	教育管理者におけるジェンダーの多様性	51
第8節	効果的な教員へのインセンティブの模索	52
第9節	なぜ相変わらず運営能力は脆弱なのか？	54

第4章	教育運営者の専門的能力の開発	60
第1節	険しい職階級（ハイアラーキー）を上る：キャリア・パス	60
第2節	どのような研修が必要とされているのか？	63
第3節	管理者研修の分配：何が作用するのか？	66
第4節	国際援助機関の役割	66

第5章	見込みのある方向	72
第1節	学校レベルの管理者の研修	72
第2節	計画立案における情報の活用	75
第3節	テクノロジーの活用	76
第4節	包括的な教育分析の実施	78
第5節	国家内開発への参画	79

結論	81

第Ⅱ部　教育の質：次元と戦略

イントロダクション		87
第1章	研究関心と問題の所在	89
第1節	教育の質とは何を意味するのか？	89

第2節	DMCsにおける教育達成, 関心と問題点	89
第3節	人口統計学的, 経済的文脈の影響	97

第2章　教授＝学習活動：教室と学校　　101
　第1節　効果的な学校教育のための調査の根拠　　102
　第2節　教員と教授活動　　113
　第3節　カリキュラム　　137
　第4節　教育ガバナンス, 運営, 学校組織　　142

第3章　教育の質を改善するための政策や戦略　　147
　第1節　システムの変化と改革　　147
　第2節　より効果的な教員と教授活動の開発　　160
　第3節　質の高い教育機関の開発と維持　　167
　第4節　教授＝学習活動の運営　　170
　第5節　教育の質的改善のモニタリングと維持　　178

結　論　　184

付録1：諸表　　189
付録2：国別セクター研究 (CSS)　　195
引用・参考文献　　197
著者についてのノート　　206
監訳者あとがき　　207
索　引　　210
訳者紹介・監訳者略歴　　216

表のリスト

表Ⅰ-1	教育システムの効果的な運営のためのインジケーター	11
表Ⅰ-2	教育への公共支出	14
表Ⅰ-3	カザフスタン：教育省と他の諸官庁間の主な政策機能の重複部分	15
表Ⅰ-4	責任を負うのは誰？　ラオスの職業／技術教育	16
表Ⅰ-5	モンゴル：初等・中等学校の従事者数, 1992/93年度	24
表Ⅰ-6	中華人民共和国：小学校の教員数と行政管理者数, 1996年	25
表Ⅰ-7	中華人民共和国：中学校の教員数と行政管理者数, 1996年	26
表Ⅰ-8	教育における私立セクターの相対的役割（％）	45
表Ⅰ-9	中華人民共和国：普通中等学校における女性の学校管理者, 1996年	51
表Ⅰ-10	教員へのインセンティブのタイプ	53
表Ⅰ-11	教育運営に関するアジアの教育における主要な動向の予想されるインパクト	56
表Ⅰ-12	カンボジア：学校長の特徴, 1996/97年	63
表Ⅱ-1	諸国間の数学における生徒の成績の比較, 1994-95年	91
表Ⅱ-2	パキスタンの基礎的能力をもつ1-5学年児童の割合(%)	97
表Ⅱ-3	国別GDP成長率の変動(%)	100
表Ⅱ-4	アジア諸国における, 学校の効果に関する研究の抜粋	104
表Ⅱ-5	効果的な学校教育の諸次元	107
表Ⅱ-6	質の高い学校の特徴	113
表Ⅱ-7	インド8州の, 低識字地区における教員の労働状況(1993年)(%)	116
表Ⅱ-8	地域ごとの国民1人当たりGDPの倍数で見る教員給与	123
表Ⅱ-9	教員の実質賃金の変化, 1985-1995年	123
表Ⅱ-10	パキスタンにおける生徒の学業達成と教員のジェンダーの関係	128
表Ⅱ-11	インド6州の低識字地域での, 数学と言語の成績におけるジェンダー・ギャップを狭める学校の特徴	129
表Ⅱ-12	辺境地での業務に関する教員のニーズと関心に焦点を当てた諸政策	151

■目次■

| 表Ⅱ-13 | 教員へのインセンティブのタイプ | 166 |
| 表Ⅱ-14 | 中央集権的アプローチとコミュニティ志向アプローチの違い | 176 |

図のリスト

| 図Ⅰ-1 | 教育プロセスのフロー・ダイアグラム | 36 |
| 図Ⅱ-1 | 生徒のパフォーマンスを単純化したモデル | 103 |

ボックスのリスト

ボックスⅠ-1	教育省内の諸事務局間で重複する責任　カンボジア	16
ボックスⅠ-2	千載一遇：誰の問題なのか？	20
ボックスⅠ-3	量と質：ラオスの事例	34
ボックスⅠ-4	ベトナムにおける国際援助支出に対する運営の制約	68
ボックスⅡ-1	教育の質が低い状態	94
ボックスⅡ-2	より高い学業達成と関連する学校要因	111
ボックスⅡ-3	効果的な教員と学校の特徴	112
ボックスⅡ-4	教員のステータス	115
ボックスⅡ-5	教員になる準備	118
ボックスⅡ-6	限界のある新規教員養成研修	118
ボックスⅡ-7	革新的な現職教員研修プログラム	121
ボックスⅡ-8	どのようにして1人の教員が差異を生み出すことができるのか？	127
ボックスⅡ-9	ベトナム，チャンホー村の非識字	131
ボックスⅡ-10	複式教育のアドバンテージとディスアドバンテージ	133
ボックスⅡ-11	複式教育に対するフィリピンの教育管理者の視点	135
ボックスⅡ-12	パプア・ニューギニアのカリキュラムに加えられたテクノロジー	140
ボックスⅡ-13	教育の質的改善の開始と持続	182
ボックスⅡ-14	なぜ教育の質は改善しないのか？	185

第Ⅰ部　教育における運営と効率：目標と戦略

デビッド　W．チャップマン

イントロダクション

　これからの10年間, ADBの開発途上加盟諸国(以下, DMCs)は, 急速な教育システムの拡大から教育の質の改善へと, エネルギーやリソースを向けるというこれまでにない機会をもつだろう。その機会とは, 多くの国が広範囲にわたって学校へのアクセスを達成した際の進歩の副産物であり, 質を改善するための融資に役立った地域経済の急成長の副産物である (ADB, 1997; Lewin, 1998)。しかし, アジア太平洋地域(訳注)(以下, 域内)のすべての国々が, このアジアの奇跡を共有したわけではなかった。またアジアの奇跡を共有した国々においても, 強い競争力が, 継続的なシステム改善のために必要なリソースをやむなく必要とした。この20年間の大きな成功が継続するのか, もしくは新たなプレッシャーに直面して終焉を迎えてしまうのか。それは, すべてのレベルのシステムを管理し, 運営し, 指導する人々 (高級官僚から農村部の校長まで) の資質と英知にかかっている。しかし, 域内の多くの国々は, 自国の教育システムの運営が脆弱であると考えている。実際, 教育システムにおけるすべての欠損は, (少なくとも一部は) 運営能力の脆弱性に原因があると考えられている。教育を強化しようという中で, 学校管理の改善の必要性は, 最も広く唱えられながら, 最も検討されなかったものの1つであった。

　本書(訳注:第Ⅰ部)は, DMCsの教育運営と効率に関するトレンドとイッシューを検討し, 政府が自国の教育システムの管理を強化する方法について提言している。

　ここでは, アジアにおいて教育のリーダーが直面している管理と運営に関する課題について一般化できる5点を挙げ, 教育の主なサブセクター(初等教育, 中等教育, 職業教育, 高等教育)に影響を及ぼしている運営に関する特定の諸イッシューに光を当てている。第3章では, これからの10年間で教育界を支配

するだろうと期待される9点のイッシューと，各教育運営者の密接な関係を説明している。それを受けて本書(訳注:第Ⅰ部)では，教育運営者のリクルートメントや専門的能力の開発(professional development)について考察している。第3章の重要な問題は，これまでに生じた教育の諸問題やすべての研修について，広範囲にわたる認識があるにもかかわらず，なぜ運営能力が依然としてこれほど脆弱なのかというものである。第4章では，域内における教育運営と管理を強化する際の，国際援助機関の役割について論じている。

本書では，次の2点に特別な注意を払っている。

(i) 脆弱な運営能力が問題であると確認されたにもかかわらず，なぜこのような運営能力の欠けている状態が続くのか？先行研究が問題を見誤っていたのか，もしくは間違った解決策を提示していたのか，またはその両方なのか？

(ii) もし域内の教育が，この20年間にたどった進歩を続けるならば，これからの10年間に，教育の運営や管理はどのような変化を必要とするのだろうか？

本書では，**運営**(management)と**管理**(administration)を類義語のように扱っており，計画の遂行，プログラムの実施，調整，人事管理，モニタリング，評価などの諸活動を含んでいる。**リーダーシップ**とは，見解を明瞭に述べたり，他者の参加を促しその意見をサポートするように，プログラムや見解を変える個人の能力のことである。優れた管理者とは，理想的には有能な運営者であり，効果をもたらすリーダーである。しかし，その連携はせいぜい弱いものである。計画の遂行，プログラムの実施，モニタリングに関する技術的な側面を処理できる運営者は，周りの人たちを励ましたり，動員する能力に欠けていることがある。反対にカリスマ的なリーダーは，細部にわたって完遂する際の，惨澹たる

経験をもっていることがある。DMCsの教育が, すでに直面しているプレッシャーの渦の中で発展し続けるならば, この両方のスキルが必要である。

　この研究の注目に値する研究結果の1つは, 域内の教育運営に関する情報と分析の希少性である。脆弱な運営については, 教育の質と分配を改善する際の主な障害物として頻繁に引用されるのだが, いかなるレベルにおいても管理者の個人的特性, キャリア・ディベロップメント, 専門性の問題について言及している研究はほとんどない。データの不足は, 管理者への敬意の低さを反映しているのかもしれない。あるいは, 管理者のスキルに関する批判的な分析のために不利益を被るまさしくその管理者によって, 多くの研究が委託されてきたのかもしれない。

訳注）

「アジア太平洋地域」：原文では「region」と記載されている語の訳。ADBが援助, 支援を行っているアジア太平洋地域を指している。国家の下部領域として使用される「region（地域）」と区別するために, 本書では「アジア太平洋地域」もしくは「域内」と訳している。

第1章　アジアにおける教育運営

第1節　教育の運営

　多くのアジア諸国における，教育のアクセスの拡大と教育の質の改善に関する驚くべき成功は，教育運営の成功を示す有力な証である。本書は，域内の注目すべき達成を確認するとともに，当然ながら今もまだ残るチャレンジすべき課題と問題にも焦点を当てている。以下に挙げる5点は，アジアにおける教育の運営に関して一般化したものである。これらは，近年の文献や国家の経験によってサポートされており，議論の枠組みを提供している。

(i)　**アジアの教育の運営は，この10年間で大きく改善した**。しかし，域内の学校教育における質と効率は，依然として最も脆弱なリンクの1つである。これは，一部では，運営に関するイッシューがより複雑になってきているからでもあり，教育運営の文脈，哲学，そして目的が変化してきているからでもある。また，教育セクターも，最良の運営者にとって競争的なものではなかった。域内の急成長する経済の中で，有能な運営者には，他の魅力的な雇用機会があった。

(ii)　**アジア全体を通して，教育運営者が直面している最も重大な問題の多くは，教育自体の問題ではなく**，教育リーダーに利用可能な選択の範囲を抑制しようとするさらに広範囲の環境内にある諸要因から生じている。これらの諸要因は，リソースをめぐる競争，政府高官の注意の欠如，および教育セクターへの公的サポートの不足を含んでいる。本当に優秀な運営者でさえ，職務を十分に遂行するために必要なリソースや注意をひきつけることができないだろう。さらに，多くの教育の提唱者が，以下のような脅威を認めている。

- 環境の低下(汚染・森林伐採)
- HIV/AIDSや他の健康に関する脅威の増大
- 持続する貧困
- 急速な人口増加

　ほとんどの国の政治的プロセスの中で，国家予算の優先順位は，**インパクトの即時性**と**結果の深刻さ**に注意が払われている。最も即時的で破滅的な脅威に対して，優先順位が与えられるのである。この状況では，教育は後回しにされがちである。貧困・伝染病・汚染が短期の災害をもたらす恐れがあるので，これらによって引き起こされる国内開発へのプレッシャーが支配的なのである。もしこれらを軽視するならば，教育は，確かな長期的進歩を約束できない。教育の運営者は，教育への持続的な投資から支払いに関する考えを次第に明確にし，アウトカムを生み出す際に効果的な戦略について一層精通し，そしてこれまで以上に少ないリソースであったとしても目的に向けてシステムを変更することができる熟練者になる必要がある。

(iii)　**教育運営に関する判断の妥当性は，我々がどのような諸問題を学校とシステム管理者の元に提示するかによって，ある程度は決まってくる。**その傾向としては，教育システムをめぐるすべての問題を実質的に処理する責任が管理者にあると考えている。しかし，運営に関する問題が生じ続けるからといって，管理を改善する必要がある，というのは安易な想定である。よい運営が，管理者への批判を必ずしも押さえるとは限らない。注目を集めている運営に関する問題を解決することで，管理者たちは，彼ら／彼女らの注意を必要としているさらなる一連の諸問題へと移行することができるだろう。

(iv)　現在の教育運営における脆弱性は，域内における教育管理に関するあらゆる先行研究で実際に確認されたものと本質的に同様である。**興味深いイッシューは，依然として脆弱性が存続することではなく，教育運営を強化しようとしたこれまでの努力が成功してこなかったことである。**これは，これまでの分析が間違っていたことや，または提案されていた解決策が十分ではなかったこと，もしくはこれまで焦点を当ててこなかったような他のファクターが中央・中間・学校レベルの運営の効果を制限するように影響したことを示唆している。よりよい運営は，おそらく綿密な分析や新しい思考によって決まる。

(v)　これからの10年間で，教育開発のアジェンダを支配しそうなイッシューを挙げるならば，次の通りである。すなわち**校長というのは，その役割と責任において大きな変化を経験するであろう運営のレベルであると同時に，その準備があまり整っていない運営のレベルでもある。**

　すべてのDMCsにおける実質的な教育運営は，ピラミッドモデルを踏襲しており，国策，プログラム，ロジスティックスは，一連の課，部，ユニットで組織される中央教育省によって公式化される。さらにこの中央省庁は，大部分は中央の教育省(MoE)の構造を踏襲している州，地域，地区の教育事務局のネットワークを経て機能しており，中央の政策が確実に各学校へ伝達され実行されるように責任を負っている。個々の学校は，各々の校長によって運営されている。彼ら／彼女らの権限や責任は国によって異なるが，通常は，学校の運営，学校と省庁の伝達，学校＝コミュニティの関係，授業視察のいずれかの組み合わせを伴っている。そして，ピラミッドの様々なレベルで管理と運営の問題は異なっており，地方分権やコミュニティ参加を求める新たなプレッシャーによって，大きく変化しているところである。

第2節　効果的な教育運営のためのインジケーター

　アジアでは，いくつかの特別な国で直面した強靭性や脆弱性に関係なく，よい教育運営を構成するものが何かについて，当局はかなり明瞭な答えをもっている。表Ⅰ－1は包括的ではないが，効果的な運営とはどういうものかという確かなイメージを提示している。概してよい運営とは，リソースのニーズが正確に予測される時期に注意を向け，リソースはそれが必要とされる時期および場所に配分され，教室の中で効果的な授業の実践が展開されることである。よい運営についての広範囲にわたる合意があるにもかかわらず，リソースの制約と教育が影響を及ぼす複雑な社会的，政治的文脈のために，これらの条件を達成するのはおおよそ困難である。さらにこれらのインジケーターを理解するための枠組を提供するにあたって，次節では，様々な教育システムレベルに立ち向かう運営に関するチャレンジすべき課題について検討していく。

第3節　中央レベルの運営：成長とエラボレーション

　アジア諸国は，この20年間にわたる自国の教育システムの驚異的な成長を間違いなく誇りに思っている。それはあまりに劇的で，多くのアジアにおいては，教育は軍隊に次ぐ最大の公共セクターの雇用者であり，多くの場合，最大の政府リソース割り当ての1つを要求している（表Ⅰ－2）。
　急速な成長は，コストを要した。多くの国において，有資格教員や管理者がリクルートされたり訓練されるよりも速く，教育システムは拡大した。これは，適切な教科書や教科内容の理解なく教えざるを得ない無資格教員の割合を増やした。またこの教育システムは，うまく組織されていない省庁構造の中で機能し，限られた運営のスキルしかもたない学校とシステムの管理者によって先導され

表 I-1 教育システムの効果的な運営のためのインジケーター

システムレベルにおける効果的な運営のためのインジケーター（中央省庁レベル）
・教科書は，十分に生産され，遅滞なく学校に配布される ・授業に必要なものが，遅滞なく学校に届けられる ・有資格教員の補充が，要求と合致している ・教員が，適切に学校に配属・配置される ・教員給与が，給料日に支払われる ・学校が，シラバスのコピーをもっている ・省庁が，国中の学校の所在地を把握している ・学校が，国内で適切に配置されている ・教育活動にビジョンとフォーカスを提供する国家の計画がある
中間レベルにおける効果的な運営のためのインジケーター（地域および地区レベル）
・教員が，適切に学校へ配属・配置される ・学校の視察が，適切かつ定期的に行われる ・教員が，授業視察を受ける ・校長および教員からの質問に対して，即時に返答がなされる ・省庁の情報が，迅速に学校へ伝達される ・学校の情報が，迅速に省庁へ伝達される ・学校人事のためのスタッフ・ディベロップメントが，うまく設計され，実行される
学校レベルにおける効果的な運営のためのインジケーター
・授業に必要なものが，遅滞なく注文される ・教員が，時間通りに学校へ来る ・教員の長期欠勤率が低い ・学校施設の手入れがよく行き届いている ・教員が，シラバスのコピーをもっている ・教員が，授業視察を受ける ・各学校に，機能している PTA がある ・保護者は，子どもがどのように勉強を進めているかを知っている

た。教育システムが大きくなるにつれて,機能のさらなるエラボレーションと区分化(必ずしも明瞭ではないが)生じた。これは,問題を解決するのではなく,ただコストを上昇させ,効果をさらに低下させた。

そのエラボレーションは,管理の増大を引き起こした。例えば,カンボジアでは,全公務員の半数である 75,000 名の従業員が教育セクターで働いている。そのうち,管理がポジションの高い比率を占めている。教育サービス従事者の 5 分の 1 以上が,管理者で構成されている (ADB, 1995c)。ラオス人民民主共和国 (Lao PDR, 以下,ラオス) においては,1994 ／ 95 年度の教員ではないスタッフの数が,教員数の 20% 強に相当していた (Mingat, 1996)。

透明性は,しばしば成長の犠牲となった。カンボジアの教育青年スポーツ省は,近年まで 16 の局で組織されており,1 局に平均 58 名のスタッフがいた。ある研究では,13 の州本部で約 1,300 名のスタッフ,地区の事務局では 1,750 ～ 2,000 名のスタッフがいたと見積もった (ADB, 1995c)。州本部と地区事務局の機能の境界は明確ではなく,大部分では双方が同質の任務を遂行していた。

このカンボジアの例は,さらに大きな問題を反映している。アジアにおける教育運営に関する最も一般的で,繰り返される批判は,政府の各ユニット間やユニット内の連携が脆弱だということである。大抵,省庁レベルを横断する垂直的コミュニケーションも,同レベルのユニット間の水平的コミュニケーションもほとんどない。省庁の組織の特徴は,局の多様性,別の肩書きをもった者,非常にわずかなスタッフである。そして,それらの局に割り当てられた責任は,局の肩書きと合致していない。諸事業は,組織チャートとユニット・アクティビティの不整合,管轄の曖昧さ,冗長な活動,遅れているか,もしくは存在しない調整,プログラムやリソースを調整するユニット間の対立などのあおりを頻繁に受けている。これは目新しいことではなく,関連のある政府機関によって広く認識されている。しかし,その構造が非効率的であるのと同様に,そこから利益を得て,自らの特別な便宜がなくなるのではないかと懸念し,合理化に抵抗する有権者が存在している。それにもかかわらず,中央省庁官僚の規模を縮小

するための，真摯な試みが，現在一部の国で進行している。ある時は地方分権を求めるプレッシャーによって，ある時はより高い効率へ向けたプッシュによって促進されている。例えば，1995年カザフスタン当局は，全省庁と地方事務所の公共セクター雇用規模を40％削減し，中央教育省のスタッフを160名まで減少させた。

　さらなる問題は，教育に関する責任が，普通は別々の省庁に分散していることである。このように教育に関して多数の省庁が視察することは，効果的な調整を困難にしてしまう。カンボジア，インドネシア，カザフスタン，ラオスの例が，その点を説明している。表Ⅰ－3は，カザフスタンにおける，教育システムの政策の開発と事業コントロールに関する部分的な(もしくは重複する)責任を有する多様なグループを示している。閣僚内閣，中央の教育局，地方の教育局の責任が重複していることによって，混乱と対立が起こる機会は大きい。

　ラオスでは，異なるサブセクター，教育の各レベル，諸機関の管理は，別々の省庁におかれている。管理機能は，基本的な連携やメカニズムを調和することに欠けている，政府の異なるレベル間(例えば，国家，州，地区，村)に分かれている。表Ⅰ－4では，まさしくそれを説明するサブセクター，つまり職業／技術教育を説明している。カンボジアで見られるように，対立と混乱は，各省庁間だけではなく，同省庁内のユニット間でも見られるのである(ボックスⅠ－1)。

　異なるレベルを横断して，または同レベルでの異なるグループ内において，責任が分散することは，一部のエリアでは努力にふさわしい実績をもたらさなかったり，その他のエリアでは諸機能の重複を招くことになり，曖昧な結果をもたらす。これは，教員に割り当てられた任務，教科書の配布，カリキュラムの再検討といった運営のプロセスにおいて，遅れと非効率をもたらした(ADB, 1993a)。

表 I－2　教育への公共支出

国	義務教育年数	教育, 対GNP比(%) (93-94)	教育, 対政府支出比(%) (92-94)	初等・中等教育, 対すべてのレベル比(%)	高等教育, 対すべてのレベル比(%)
バングラデシュ	5	2.3	8.7	88	8
カンボジア	6	-	-	-	-
中華人民共和国	9	2.6	-	67	17
フィジー	-	5.4	18.6	88	9
香港(China)(訳注)	9	-	17.0	66	30
インド	8	3.8	11.5	64	14
インドネシア	6	1.3	-	47	18
朝鮮民主主義人民共和国	10	-	-	-	-
大韓民国	9	4.5	16.0	80	8
ラオス人民民主共和国	5	2.3	-	83	4
マレーシア	11	5.3	15.5	71	17
モルディヴ	-	8.1	13.6	99	-
モンゴル	8	5.2	-	59	18
ミャンマー	5	-	14.4	88	12
ネパール	5	2.9	13.2	62	28
パキスタン	-	2.7	-	67	18
フィリピン	6	2.4	-	-	-
パプア・ニューギニア	-	-	-	-	-
サモア	-	4.2	10.7	78	-
シンガポール	0	3.3	24.2	62	33
ソロモン諸島	-	4.2	7.9	86	14
スリランカ	11	3.2	9.4	72	11
タイ	6	3.8	18.9	73	17
ヴァヌアツ	6	4.8	-	87	3
ベトナム	5	-	-	-	-
全開発途上国		3.6			
後進開発途上国		2.8			
サブサハラ・アフリカ		5.5			
先進国		5.4			
全体		5.1			

－　データ入手不可能
出典：UNESCO　1995, 1998；各国資料による

表 I-3　カザフスタン：教育省と他の諸官庁間の主な政策機能の重複部分

機能	教育省	重複機関
教育政策	政策と規制を立案する	各閣僚
カリキュラム政策	構想を発展させる／基準をエラボレートする／人文系科目のカリキュラムを開発する	各閣僚／教育問題のための機関
高等教育政策	規制や私立学校に関係する政策イッシューの開発	各閣僚
教員教育政策	教員スタッフの必要数を予測する	州(地方)の教育局
学校スタッフのレベル	政府の規準に沿うスタッフ数を確保する	州の教育局
教育財政	諸機関への支出と支払いをモニターする	財務省／州の教育局
質の保証	視察局を効果的に作動する(主に高等教育機関と国立機関)	学校に対する責任をもつ州と郡
その他の機能	統計, 保健	州

出典：ADB　1995b, アネックス 1

訳注）

　台湾および香港の記述は原著に従い台湾(China)および香港(China)とした。

表Ⅰ-4　責任を負うのは誰？ラオスの職業／技術教育

就学前教育 (保育園, 幼稚園)	- 地区の教育スポーツ課の行政管理の下, 工場, 国営企業, 協同組合などによって運営
初等教育	- 地区の教育スポーツ課 - 地元のコミュニティ
前期中等教育	- 地区の教育スポーツ部課 (融資) - 州の教育スポーツ事業 (計画立案, 融資, 管理) - 地元のコミュニティ - 教育スポーツ省
後期中等教育	- 州の教育スポーツ事業 (計画立案, 融資, 管理) - 個々の学校 - 教育スポーツ局
職業／技術教育	- 教育スポーツ省 - 通信省, 運輸省, 郵政省, 建設省 - 文化省 - 産業省 - 厚生省 (公衆衛生省) - 法務省 - 農業省, 林業省 - 経済省, 経済企画庁, 財務省 - 州の教育スポーツ事業
教員教育	- 教育スポーツ省 - 州の教育スポーツ事業

出典：ADB　1993a.

ボックスⅠ-1　教育省内の諸事務局間で重複する責任　カンボジア

　1994年から1996年の間, 増大したドナー支援プログラムの計画立案, 政策分析, 調整に関する要求がかなり増大した。計画立案・援助調整ユニット (Planning and Aid Coordination Unit：以下PACU, もしくはユニット) は, スタッフを22人に増員した。しかし, ユニット内に政策分析に関するバックグラウンドと研修の経験をもった職員はおらず, 学校における直接

的な業務の経験をもつスタッフもわずかだった。PACUが省内で急速に大きくなっている計画立案や政策に対するニーズに対して効果的に対応をすることができないのは，スタッフの低い能力，責任者への厳しい要求，一部の内部人事の問題などのすべてが原因だった。

　ADBの評価派遣団(appraisal mission)の準備をするプレッシャーの下で，そしてPACUの低い能力に直面して，1995年教育青年スポーツ省は，プログラム運営とモニタリングのためのユニット(Program Management and Monitoring Unit：PMMU)の創設を早めた。一度創設されると，同省は任務の輪を拡大していることをそのサービスに求めるようになり，その結果PMMUの役割は拡大した。

　PMMUは，小さな権限で始まったが，その役割と機能は拡大した。PACUは，大きな権限をもって始まったが，必要な成果をもたらすためのリソースと能力に欠けており，果たした役割は期待されたものよりも小さかった。問題が生じたのは，2つの事務局が，権限を明確にする上で起こる競争と混乱の中へと漂流した時だった。

出典：Wheeler, Calavan, and Taylor, 1997

■明るい局面

　一部のDMCsは，中央レベルの教育の運営において重大な諸問題に直面しているが，その物語のすべてが暗いものではない。域内の他の国々では，管理の実施とプログラムを試みる最前線にいて，**多くがかなりの成功をおさめていた**。これらの管理の実施とプログラムは，中央政府が学校や教室のレベルで生じることに影響を与えうることを通して行われた。通常，中央レベルの運営者は，学校へ投入する**インプットのレベルや混合**(例えば，カリキュラムや教科書，もしくは**分配システムの組織**(例えば，複式学級)**を変更することによって**，学校や

教室の活動を変えようとする。彼ら／彼女らは，**直接的**には教員研修のような手段を経て，**間接的**には国家レベルの試験やコミュニティの巻き込みのような手段を経て，指導プロセスを変えようとする (Chapman, Mählck, and Smulders, 1997)。域内で最もよく採用された戦略は，以下のものを含んでいる。

- カリキュラムの改訂
- 教科書の改訂
- 国家レベルの試験
- 教育研修
- 教員へのインセンティブ
- 学校へのリソースの分配
- 複式学級
- 運営情報システムの改善
- コミュニティ参加の増強
- 意思決定の地方分権化
- 州，地域，地元レベルへ向けた情報システムの地方分権化

　教育の質と効率を改善することを目的とした，これらの中央レベルの主導による取り組みの多くがうまく機能した一方で，アジアの経験はこれらの取り組みの複雑さと思いがけないクロス・インパクトも強調している。真にチャレンジすべき課題は中央レベルが介入するためのオプションではなく (それは，重要であるけれども)，いくつかの組み合わせで前述の戦略を実施するための実行可能な計画を公式化することにあると示唆している。この計画は，システムの諸レベル内の緩慢な関係について，そして，ある問題に取り組む介入が他のエリアに思いがけない影響を与える蓋然性について認識したいくつかの組み合わせの中で実行される。

第4節　教育省中間レベル

　管理に関する中間レベルの重要性は，一般的には，国家の規模に応じて増大する傾向はあるが，DMCs の内部でも異なる。例えば，カンボジアや太平洋DMCs における州の教育事務局と比較すると，中華人民共和国やインドにおける州の教育事務局は，影響力をもつ傾向にある。組織としては，州，地域，地区の教育官僚たちは，中央省庁の構造を踏襲する傾向があり，それぞれがカリキュラム，試験，施設等の事務局を有している。この冗長性は，しばしば重複した取り組みと，権限と責任の曖昧な境界線という結果を生む。教育の効果と運営の効率に関する多くの分析が，これらのはっきりとしない境界線に焦点を合わせてきた。

　省庁の中間レベルが行う運営の主な責任は，(i) 中央省庁から学校へ，政策とプログラムの情報を伝達すること，(ii) 学校から中央省庁へ，就学者数などのデータや教科書の需要などの情報を伝達すること，(iii) 確実に，学校が政府の政策を遵守するようにする，(iv) 場合によっては，授業のリーダーシップをとったり視察を行う（これは，しばしば学校が政府の政策を遵守することを確実にするだけになりかねないが）。

　効果的な中間レベルの管理に関する主な隘路は，州，地域，地区の事務局が，彼ら／彼女らの職務を効果的に遂行する権限をもっていないか，もしくは職務に必要なリソースを全く欠いていることである (Philippines, 1992)。

　権限の委任が不十分なために，中間レベルの行政管理者の多くは，意思決定をしたり，彼ら／彼女らにとって役立つ情報に基づいて行動する権限をもっていない。州の教育管理者たちは，彼ら／彼女らの特定エリアのニーズに合わないとわかっているプログラムやプロジェクトを実行することを期待されていることがあまりにも多い。例えば，多くの国では，地区や地域の教育事務局の職員は，中央当局との長い協議なくして，職務を遂行しない教員や学校の管理者を解雇

することはできない。特に貧しい学校へリソースの流れを向け直すためには，かなりの時間がかかる。また，予算が不十分なために，学校に最小限必要な視察さえも行われない。例えば，カンボジア，ネパール，フィリピンの職員は，州，地域，地区の教育担当の職員は学校へ行くための適切な輸送手段がないと，報告している。意思決定が様々なシステムレベル間の権力と責任に関して明確に定義した区分を反映しない限り，地方分権化はオートマティックな解決策ではない。

ボックスⅠ－2　千載一遇：誰の問題なのか？

　教育省のレベルやユニットのどこが問題に取り組む責任があるかについては，しばしば，その問題がどのように定義されるかによって決定される。省庁の様々なユニットが問題を異なって定義すれば，その問題に混乱をきたし，注意を欠くことになる。

　例えば1996／97年度，カンボジアで1年生になった100名の子どものうち，4年後に4年生になるのは僅か15名だけ，そして8年後に8年生になるのは僅か2名と予測された。8年生まで修了し，9年生に進学した100名の子どものうち，3年後に11年生を修了するのはたった23名と予測された。そうだとすると，全体として，わずか1,000名のうちの5名が，11年間で11年生を終えることになる。そして，遠隔地域では，1,000名中わずか1名の子どもが，8年間で8年生を修了することになる。

　これは，**授業に関する問題**であり，**生徒の能力を評価する教員の問題**であり，（どの程度学校またはシステムの管理者が，低い進学率を国家（または学校）の問題であると確認し，それについて何かをするために責任を負っている度合の）**運営の問題**である。それでは，誰が問題を処理するためのリーダーシップをとるべきだろうか？

出典：プノンペン教育省によって提供されたデータ（1997）より算定

第5節　校　長

　学校長は，教育の管理と実際に子どもたちへ教育を分配する間の最先端にいる。しかし，彼ら／彼女らは職務に適した準備や，学校が機能するように変えるための権限をほとんど有していない。そして，これからの10年でさらなる困難を要するようになるほかない難しい任務に就いている。**教育開発のアイロニーの1つは，域内のすべての国において異なる度合いで進行している地方分権の要求に向けたプッシュが，その受入れ準備の整っていない教育管理者のグループへさらなる責任を移すというものである**。一般的に，校長は，次の4つのエリアにおいて責任を有している。

(i) **学校運営**。これは，授業に必要なものを申し込むこと，教員が確実に雇用され仕事を割り当てられることを保証するようにすること，情報を収集すること，基本的な記録を保管することである。多くのDMCsでは，それは責任の重要なセットとして考えられている。

(ii) **学校と省庁のコミュニケーション**。一部の国では，中央省庁から要求されるレポートを仕上げることが，校長にとって主要な任務になる。例えば，数年前まで，ネパールの校長は，教育省 (MoE) の学校管理課 (School Administration Section) へ提出する52ページにおよぶ書類，および同省の人的資源・統計課 (Manpower and Statistics Section) へ提出するために同様の情報を集めた4ページの書類を仕上げなければならなかった (Chapman and Dunghana, 1991)。他のDMCでは，近年まで校長は，1年に3度，自らの学校について調査した46ページもの書類を完成する必要があった。校長もまた，省庁の政策やプログラムを確実に教員や保護者へ伝えることを保証する責任を，地区教育局の職員と共有する。

(iii) **学校とコミュニティの関係**。学校とコミュニティの関係に関する要求には, 学校に利害関係をもつコミュニティ協議会 (community councils), コミュニティ開発組合 (community development associations), PTA, 他の地元の組織と共に取り組むことが含まれている (Bray, 2000)。その目標は, 通常, 学校 (例えば, 教員の補助金, 施設建設, 維持) や学校教育のプロセス (確実に子どもが宿題をするように, 娘が学校へ行くことを保証するように親を励ますなど) のためのコミュニティ支援を促進することである。

(iv) **授業視察**。学校レベルの管理者が, 自らの責任の一部として見なす授業視察の範囲は, 国によって異なる。しかし, 地方分権のある共通の副産物は, 視学官よりも校長がこの役割を演じることに対する期待が高まっていることである。後に論じるように, 校長が授業視察のさらなる責任を負う方向へ向かうこのシフトは, 教員の選抜と研修に大きなインプリケーションをもっている。

ほとんどの例外なく, 教育省の管理の構造の至るところで見られる典型的な責任の配分によって, 授業視察はあまり役に立たない機能になっている。ほとんどの DMCs において, 教員の視察は, 州もしくは, しばしば地区レベルを基盤にして働く職員の責任である。これは, 教員の教育学的スキルを最も理解している管理者 (例えば校長) から視察の責任を取り払い, 学校の文脈から隔たった個人へ責任を移すことになる。彼ら／彼女らは, 学校訪問を断続的にするか, 全く訪問しない。そして, いかに教員の教授法を改善できるかを教員に説明するというよりも, 規則を強要することを重要な役割だと考えている。例えば, 1980 年代のフィリピンでは, 地区の視学官は, 通常, 最大 600 名の教員に対して責任を負っていた。しかし, 一部の視学官は, 学校へ行くための交通手段がなかった。また, 一部の学校は交通ルート上になく, 視学官が自家用車

をもっていた時でさえ，あまりにもアクセスが困難だった (Philippines, 1992, pp.88-89)。ネパールでは，地区の視学官は，遠方の学校へ行くために3日間歩かなければならず，そういう学校には決まって，4年間に一度も視察訪問がないことも異例ではなかった。1980年代のフィリピン，および1990年代のネパールの経験は，域内の多くの国の特徴を示している。教員の視察は，多くの教員が生活し仕事をする上での困難な状況によって複雑になっている。フィリピン議会委員会 (The Philippines Congressional Committee) によれば，1980年代の教員は貧困所得線以下で生活しており，アスピレーションが低く，労働条件に不満をもっていた。同議会委員会は，教員の家族の平均月収を3,205ペソと見積もった。これは，首都マニラ (Metro Manila) の貧困所得線5,821ペソ，他の域内の貧困所得線3,864ペソよりもはるかに低かった。さらに，給与はいつも給料日に支払われたわけではなかった。これらの状況下で，校長やそれより高いレベルの管理者が，より効果的なリーダーシップを発揮したり，教員の視察を遂行するのは困難だった。また，管理者は，自らの力でその状況を改善することができるとは必ずしも見なしていなかった。

　これらの責任にみあう校長の能力は，彼ら／彼女らが視察する学校のサイズや複雑さによってある程度は決まってくる。校長と教員の比率は，そのインジケーターの1つである。教員に対する学校管理者の割合は，国によってかなり異なる。例えば，フィリピンでは，管理者と教員の全体の比率は1：17と見積もられ，モンゴルでは，約1：12である（表Ⅰ-5）。

　同じく重要なインジケーターとして，各国内（例えば中華人民共和国）の管理者と教員の比率は，学校のレベル（初等教育，中等教育），学校のタイプ（公立，コミュニティによって運営されるもの，私立），所在地（都市部，農村部）によって，通常は大きく異なる（表Ⅰ-6，および表Ⅰ-7）。

表 I－5 モンゴル： 小学校・中等学校の従事者数, 1992／93 年度

管理者と教員	人数
総数	21,762
校長	617
教頭（副校長）	1,019
教員	19,441
教員／心理学者	53
局長	28
局の専門職員	72
部局長（Heads), 調査／訓練メソッドセンター	22
国の視学官	116
アシスタント	22
その他の従事者　－小計	
（会計士, 医者, 図書館司書, 運営者, 秘書,	
掃除作業人, 用務員, 調理師, 門衛などを含む）	12,437
総計	34,199

出典：ADB, 1993b.
訳注：原著において上段(総数)の内訳部分の数値もしくは項目に欠如または誤りがあったが, 出典にあたることが不可能だったため, 原著の通り記載している。

表I-6　中華人民共和国：小学校の教員数と行政管理者数, 1996年

学校の管理運営	全体			都市		
	教員数(T)	行政管理者数(A)	T/A	教員数(T)	行政管理者数(A)	T/A
国家教育委員会(SEdC)	3,983,522	397,702	1:10	639,104	78,353	1:8.2
非SEdC	327,980	34,621	1:9.5	190,156	20,974	1:9.1
コミュニティ	1,402,148	23,536	1:59.6	35,146	1,119	1:31.4
私的なもの,他の社会的ソース	22,140	1,860	1:11.9	6,743	1,396	1:4.8
全総数	5,735,790	457,719	1:12.5	871,149	101,842	1:8.6
女性数	2,718,842	102,599	1:26.5			
女性の比率	47.4%	22.4%				

表I-6　（続き）

学校の管理運営	県鎮			農村地方		
	教員数(T)	行政管理者数(A)	T/A	教員数(T)	行政管理者数(A)	T/A
国家教育委員会(SEdC)	875,705	80,723	1:10.8	2,468,713	238,626	1:10.3
非SEdC	51,331	5,400	1:9.5	86,493	8,247	1:10.5
コミュニティ	124,552	1,738	1:71.7	1,242,450	20,697	1:60.0
私的なもの,他の社会的ソース	2,958	253	1:11.7	12,439	211	1:59.0
全総数	1,054,546	88,114	1:12.0	3,810,059	267,763	1:14.2

T/A＝教員／行政管理者の比率（表記は「行政管理者数：教員数」）
原注：パートタイム教員, 代替教員, 校営工場の労働者を含まない

出典：中華人民共和国, 計画建設司 (Department of Planning and Construction), 1997
訳注：原著において欠如および誤りのあった数値に関しては, 以下の出典で補っている。
　国家教育委員会計画建設司編 (1997),『中国教育事業年鑑1996』北京, 人民教育出版社。

表 I−7　中華人民共和国：　中学校の教員数と行政管理者数, 1996 年

学校の 管理運営	全体				都市			
	初級中学 教員数 (T)	高級中学 教員数 (T)	行政管理 者数 (A)	T/A	初級中学 教員数 (T)	高級中学 教員数 (T)	行政管理 者数 (A)	T/A
国家教育委員会 (SEdC)	2,530,156	507,600	430,529	1:7.1	457,340	167,884	141,266	1:4.4
非 SEdC	215,432	59,817	53,623	1:5.1	138,927	38,841	36,617	1:4.9
コミュニティ	134,793	614	5,288	1:25.6	3,065	22	262	1:11.8
私的なもの, 他の社会的ソース	12,307	4,040	4,083	1:4.0	6,604	2,831	2,863	1:3.3
全総数	2,892,688	572,071	493,523	1:7.0	605,936	209,578	181,008	1:4.5
女性数	1,107,288	173,032	120,573	1:10.6				

表 I−7　（続き）

学校の 管理運営	県鎮				農村			
	初級中学 教員数 (T)	高級中学 教員数 (T)	行政管理 者数 (A)	T/A	初級中学 教員数 (T)	高級中学 教員数 (T)	行政管理 者数 (A)	T/A
国家教育委員会 (SEdC)	691,512	255,233	138,084	1:6.9	1,381,304	84,483	151,179	1:9.7
非 SEdC	35,506	11,755	8,321	1:5.7	40,999	9,221	8,685	1:5.8
コミュニティ	17,319	291	1,043	1:16.9	114,409	301	3,983	1:28.8
私的なもの, 他の社会的ソース	3,005	969	805	1:4.9	2,698	240	415	1:7.1
全総数	747,342	268,248	148,253	1:6.9	1,539,410	94,245	164,262	1:9.9

T/A＝教員／行政管理者の比率（表記は「行政管理者数：初級中学および高級中学の総教員数」）
原注：パートタイム教員, 代替教員, 校営工場の労働者を含まない

出典：中華人民共和国, 計画建設司 (Department of Planning and Construction), 1997
訳注：原著において欠如および誤りのあった数値に関しては, 以下の出典で補っている。
　　　国家教育委員会計画建設司編 (1997),『中国教育事業年鑑 1996』北京, 人民教育出版社。

第6節 要 約

　効果的な教育運営のインジケーターに関して，多くの合意がある一方で，DMCsの多くは，依然として脆弱な運営に苦しんでいる。それは以下の理由によるものがほとんどである。(i) 教育運営に関する権限と責任の境界線が分かりにくい，(ii) 教育運営者は，自らの職務を遂行する知識やスキルを有していない。教育運営を改善するべきであるならば，この2つの問題は解決されるべきであり，その解決は同時に進行する必要がある。

　もし，一度は研修を受けた運営者が，行動するための権限，責任，モチベーションをもたなければ，研修は無駄に終わってしまう。もし運営者が，依然として自らの職務をどのように遂行するのかを知らなければ，構造改革は無駄に終わってしまう。学校レベルの実務を改善するためのいくつかの中央レベルの介入は成功したが，域内全体を見ると，その動向は地方分権的な運営へと向かっている。皮肉にも，地元の教育の運営を改善するためのこの動向は，問題をただ悪化させるだけかもしれない。なぜなら，地方分権は，最も対処する準備をしていなかった教育の管理者グループへ，より多くの責任を移すことになるかもしれないからだ。

第2章　教育段階ごとのイッシュー

　ここまでは教育システム全体に広く関心を集中させてきた。ここでは教育システムのサブセクターに影響を及ぼす特別なイッシューを取り扱う。教育システム内の異なるレベルの管理者は, 互いに敵対する関係にはないかもしれないが, 彼ら／彼女らは必ずしも協力的な関係にもない。教育システム内の異なるレベルを取り仕切っている管理者は, それぞれに異なるイッシューに直面し, 過去に取り扱ったものとも異なるイッシューに直面している。教育運営者は教員やコミュニティとともに, 効果的に働くことができなければならないだけでなく, 彼ら／彼女らは教育事業全体の他の領域を運営している人々とも, 効果的に働かなければならないのである。

第1節　初等教育

(i)　東アジアでは既に, 初等教育の就学者数の相当な増加が達成されたが, それは今後, 南アジアでも起こるだろう (ADB, 1997)。

(ii)　人口動態の継続的な変化は今後, 教育システムへの新たなプレッシャーとなるであろう。農業分野で働く人口が減少し, 都市部, そして, 読み書き計算能力がより重要な役割を果たす産業やサービス部門での雇用を求める人が増加するにつれて, 人々の読み書き計算能力の必要性は高まるであろう。

(iii)　アジアの多くの国と地域では, 初等教育のユニバーサル化はほぼ達成され, その結果, 国家の教育目標はアクセスとその継続的な拡大の推進から, 質的改善へと既にシフトしつつある。**これは教育運営者, 特に, 学校レベルで働く人々の, 日々の仕事に変化をもたらすであろう**。今後10

年間は，現職の教員と協力し，教室内での新しい教育方法と教育学的実践を確立することに力点が置かれるであろう。現時点では，校長にはこれらのことを行う能力が十分に備わっていない。

(iv) よりいっそうの地方分権化の推進は校長に，彼ら／彼女らの能力を超えた要求をすることになる。主として，DMCsの校長は，教育リソースの配分決定を行うことを求められながらも，その決定に伴う(学習成果という意味での)トレード・オフを理解する心構えがほとんど，または，全くできていない。さらに，彼ら／彼女らは地方分権化によって促進されると期待されている，コミュニティ参加とコミュニティによる支援を作りだすのに必要な，政治的手腕ももっているとは限らない。

(v) DMCsは自国の官僚的組織のサイズを縮小しようと努力している。しかし，これはピラミッド型の行政組織内において，運営者が昇進する機会を減らしかねない。いくつかの国で見られる，教育への需要の横ばい状態は，教員が管理職に昇進する機会を減らすであろう。教育システム内の昇進の機会は比較的限られているため，運営者と教員の昇進の機会の縮小という，これら2つの傾向が組み合わさって，「管理者の停滞」を引き起こしかねない。

第2節　中等教育

(i) 初等教育の高い就学率の達成が成功したことは，その拡大に応じた，政府主導の中等教育の拡大を刺激する (ADB, 1996)。**このことから考えられる1つのインプリケーションは，この気運の高まりを満たすための，教育リソースの再配分である。**これまで初等教育は政府による支援と国

際援助機関の最重要項目であったが，資本支出と経常支出の焦点が教育システムにおける次なる教育レベルへとシフトするにつれ，そのリソース・ベースを平準化させることになるであろう。

(ii) 中等教育が急速に成長するにつれ，この教育レベルで働く管理者の需要が新たに高まる。関係省庁はこれらの新たなポジションが，最も資質のある人物ではなく，教育システム内で最も勤続年数の長い人物で占められるということがないように，管理者の採用および選択のための，明確な基準を開発する必要がある。この先10年間，よく訓練された管理者を十分に確保するため，今から準備に取り掛からなければならない。

第3節　職業／技術教育

(i) 職業訓練はこれまで，中等普通教育トラックへの就学者の増加プレッシャーを軽減するために，最も頻繁に利用されてきた。経済的に恵まれない生徒に教育を提供する，費用のかからない代替の方法とも広く見なされてきた。しかし，こうした職業訓練は，近代部門での仕事に求められるスキルを，生徒に必ずしも備えさせられたわけではなかった。職業訓練によって事前に身に付けたスキルが，労働市場のニーズとあまり合致しなかったり，訓練が限られた効果しか発揮されなかったり，また，費用がかかるといったことが，国際比較によっても証明されている。職業／技術教育は，卒業生が近代部門で雇用される可能性の高い，言語スキルやコンピュータ・スキルといった能力開発の時間を流用しているとして批判されることもある (ADB, 1995a; Chapman and Windham, 1985)。

(ii) 職業／技術教育の質が低いとされる1つの理由は，熟練したスタッフ

は民間部門で，高い給与を得ることができるということである。例えば，1990年代初め，フィリピンでは，職業／技術教育を教える最も優秀な教員のわずか3％だけが，必要とされる産業訓練を受け，または，現場経験をもっていた。さらに，技術／職業教育局 (the Bureau of Technical/Vocational Education) に採用された人々の大半は，1，2年で辞めていった。こうした離職は民間企業のより高い給与やインセンティブ，よりよい労働条件が原因であった (Philippines, 1992)。

第4節　高等教育

(i)　高等教育の運営においては，今後10年間，次の4つのイッシューが注目されるであろう。(a) 新しい／代替の資金調達方法の開発；(b) 教育機関相互の学生の転編入と単位互換；(c) 基準規格の策定と義務化，アクレディテーション・システムの実施；(d) 個々の高等教育機関の収入源を作りだすために (教職員が私的に，コンサルティング業務を行うことなく)，教職員の創造性にとんだ才能をくみ上げていくこと。

(ii)　いくつかのDMCsでは，高等教育へのアクセスは上流やアッパーミドルの階級の家庭の子どもに有利である。しかし，中等教育を修了する生徒が増えるにつれ，高等教育への生徒，特に，低所得の家庭とエスニック・マイノリティの子どものアクセスにおける公正性を高めることがよりいっそう求められる。

(iii)　東アジアの一部では，高等教育支出の50％から60％が民間による資金調達によって賄われている。アジア全体では，約33％が民間による資金調達である。政府は私立の高等教育機関の振興を許可し，奨励する必

要があろう。その理由の1つは,民間による資金調達によって運営される高等教育のユニットコストは,公的資金によって運営される高等教育機関のユニットコストよりも,はるかに安いということである (Mingat, 1996)。

(iv) 高等教育における民間による資金調達へのプレッシャーの高まりは,無償の(もしくは費用の安い)公立の高等教育を,自分たちの権利と考えるようになっていた市民との摩擦を引き起こすことが予想される。

(v) 歴史的に,多くのDMCsにおける高等教育の教職員の低い給与は,彼ら/彼女らが個人的なコンサルティング業務によって,追加的な所得を作りだすであろうという期待によって相殺されていた。大学は個人の起業活動の踏み台となったのである。教職員は自分たちの主な所得を,どこか別の場所に探し出したため,大学で教えることの負担は軽かった。教職員1人当たりの生徒数が,予想以上に多いのはそのためであった。しかし,高等教育機関がその運営に必要な資金のより多くを,独自に作り出さなければならなくなったため,教職員を引き戻し,彼ら/彼女らの才能を,彼ら/彼女らが本来所属する教育機関の収入源へと切り替える方法を模索している機関もある。だが一方,この実現には,以下の3つの困難を乗り越えなければならない。(a) 外部資金を説明可能な方法で処理できるインフラストラクチャーの不足;(b) 精力的かつタイムリーに業務を遂行し,高等教育機関を喜んで信頼してくれるクライアントの不足;(c) 高等教育機関への教職員の引き戻しは,これまで行っていた個人的な仕事への負担になると見る教職員による抵抗と対立すること。いくつかの高等教育機関がこの先も財政的に存続発展しうるには,適切な手続きと国民の信頼,そして,高等教育機関を拠点とした研究開発活動への,教職員の参加を確立させることが必要であろう。

第3章　今後10年間の主要なイッシュー

　今後10年間にわたって教育界を支配すると考えられるイッシューは以下の9項目である。これらは、教育の運営者が覚悟して取り組むべきことへの、一般的な状況を提示している。これら9項目とは

- 質的改善への新たな注目
- 効率へのさらなるプレッシャー
- 地方分権化への継続的な動き
- 教育の分配における公的責任と私的責任の新たなバランスの展開
- 意思決定における情報システムの効果的な活用
- 教員組合の組織化
- 教育システムのリーダーシップにおけるジェンダーの多様性
- 教育リソースの確保と配分
- 教員への効果的なインセンティブの模索

　これらのイッシューは中央省庁から学校にいたるまで、教育運営のすべてのレベルにいくつかのインプリケーションをもつ。資金調達は本シリーズの別の冊子 (Bray, 2002) で取り扱っているため、ここではこれら9項目のうち、8つに焦点を当てる。そして、状況を改善するために、様々に努力されてきたにも関らず、なぜ脆弱な運営能力は変わらないのかと本章の最後では問いかけている。

第1節　よりよい学校教育の質を目指して

　過去20年間の急激な就学者の増加は、学校教育の質への大きなプレッシャーとなった。就学者が急増したため、教員と学校教育の管理者は、十分な研修を受けないまま採用された。多くの国では、初等教育の就学者の増加が見ら

れなくなると，教育リソースを質的改善に再配分することが可能となる(ボックスⅠ-3を参照)。このことは，**初等教育の質的改善**に注目することと**中等教育の拡大**を図ることは，教育リソースをめぐって，互いに対立する可能性があることを意味している。

ボックスⅠ-3　量と質：ラオスの事例

　域内において人口増加率が低下したことで，政策的関心とリソースを質の改善へと再配分することが可能となっている。ラオスを例に考えてみよう。1975/76年と1987/88年の間に，この国では後期中等教育の就学者数が1,267％増加した。

ラオス：1975/76年と1987/88年の間の普通教育における就学者の増加(％)

幼稚園	12,246
初等教育	178
前期中等教育	352
後期中等教育	1,267

出典：ADB, 1993a

■**教育運営者へのインプリケーション**

　たとえリソースが入手可能であったとしても，学校の質を改善するためには，教育管理者は，どのインプットとアクションが求めている結果を導くかを知っておかなければならない。しかし，これらの追加的なリソースをいかにして，生徒の学習経験を改善する方向に振り向けるかということはほとんど理解されていない。リソースの投入から学習体験を引き出すには，まず第1に，成績が

低かったことのいくつかの理由にかなり左右される。もし成績の低さの原因が不十分なインプット(例えば,教科書や授業に必要なものの不足)にあるのならば,成績を上げることは比較的簡単かもしれない。しかし,学業達成の低さはもっと複雑で,様々な問題に由来することが多い。例えば,生徒の成績の低さが,学校での教員の教え方がよくないことや生徒の学習モチベーションが低いこと,授業視察の甘さ,そして,保護者による励ましが欠如しているといった,いくつかの欠点が組み合わさって起こるのだとすれば,この問題を解決するために,いかに資金を費やすことが最適であるかということははっきりしないかもしれない。ある1つの欠点のみに対処するだけでは,問題全体を解決するには不十分であろう。

第2節 効率へのさらなるプレッシャー

アジア(そして世界全体)の教育運営者への主なプレッシャーの1つは,彼ら／彼女らが関っている教育システムの**効率**を向上させることである。効率の向上への彼ら／彼女らの努力は2つの困難に直面する。第1に,第一線の教育管理者は効率を十分には理解しておらず,また,いかにすればそれを改善することができるかもあまり理解していない：効率という観念をめぐっては多くの混乱がある。第2に,管理者の多くは真剣に効率を高めるために必要な,様々な変化を引き起こす権限をもっていない。そこで本節では,教育における効率の意味,教育運営者は効率の向上にどのように取り組まなければならないか,そして,彼ら／彼女らにはどのようなインプリケーションがあるかを概観する。

■**教育における効率とは何か？**
簡単にいうと,効率はより少ないコストで,求められる教育目標を達成すること,もしくは,コストを増加させることなく,より多くのこれらの教育目標を

達成することを意味する。しかし、実際には、効率はそれほど単純なものではない。効率を理解するには、教育のリーダーが教育プロセスのモデルに沿って働くことが必要である。広く用いられるある1つのアプローチは、(図Ⅰ-1に描かれているような) 4つの主要な部分からなる教育プロセスを思い描くことである。

図Ⅰ-1　教育プロセスのフロー・ダイアグラム

| インプット 例えば、教員、他の指導教材、設備、教科書 | ⇒ | プロセス 例えば、講義、テレビ、ラジオ、自習用教材 | ⇒ | アウトプット 例えば、生徒の学習活動、職業スキル、態度 | ⇒ | アウトカム 例えば、労働における成功、生涯賃金、よいシチズンシップ |

インプットとは教育経験を作りだすのに使用されるリソースのことであり、例えば、教員や教科書、他の指導教材、学校設備のことである。

プロセスは教育のインプットがアウトプットへと変えられる方法を意味し、例えば、講義や自習用教材、少人数のグループワーク、ラジオの使用を指す。

アウトプットは教育プロセスの直接的、そして、直ぐに表れる効果であり、例えば、生徒の成績や態度、スキルである。

アウトカムとは教育プロセスの長期的インパクトのことであり、アウトプットほど直接的ではなく、即効性もうすい。アウトカムは教育のアウトプットがより広範囲の社会環境と互いに影響しあうことで表れる。

　効率の多くの特徴は、例えば以下のような、このモデルの構成要素間の相互関係から理解することができる (Windham and Chapman, 1990)。

　・**インプットとプロセスの相互作用が教育コストを決定する**。おそらく、イ

ンプットの量を減らす(例えば,教員の数や教室数,教科書を減らす)か,コストのよりかからない分配技術(例えば,ラジオの代わりにプログラム化された指導教材を使用する,あるいは教員のかわりにラジオを使用する)を選ぶことで,コストは抑えられるであろう。しかし,いくつかの国では,インプットできる教育リソースがきわめて限られていたり,それらの質に深刻な問題があるといった問題を抱えている。さらにこうした国では,役に立ち,しかも,購入可能な技術にも限りがある。

・教育とはそもそも,求められるアウトカムを達成するためのものであるにもかかわらず,**教育システムは典型的には,教育のアウトプットにのみ責任を負っている**。これは,教育のアウトカムは長期にわたるものであり,経済的,社会的,政治的条件といった,相伴う条件に大いに左右されるものだからである。

・ある1つの取り組みは,それが達成されるべきアウトプット(または,いくつかのアウトプットが組み合わさったもの)へと導くとき,効果的であるといえる。教育システムに求められるアウトプットには,学業達成や学習への前向きな姿勢,そして,職業スキルの上達が含まれる。

・**効率的であることはコスト面で効果的であることも含む**。効率の概念は既に効果の概念を含んでいる。したがって,ある1つのプログラムについて,その効率と効果の両方を話題にする必要はない。なぜなら,プログラムが効率的であるというとき,それは既に,そのプログラムが効果的であることをも意味しているからである。

・**あるプログラムが効果的でないならば,そのプログラムは効率的ではありえない**。ある取り組みのコストを考慮することだけでは,効率を上げることはできない。その取り組みの質と効果も考えなければならない。効率の向上は質的改善やコストの削減,または,その両方の組み合わせによって達成される。

効率はよくコスト削減と混同される。**よりコストのかからない取り組みは必然的に，より効率的であると信じることは誤りである。**同じように，その取り組みの質を考えずに，教育コストを単に削減することが，効率を改善することであると信じることも誤りである。コスト削減が効率の向上につながることもあるかもしれないが，いつもそうとは限らない。必要以上に費用をかけて，無駄も多い場合，効率の向上とコスト削減は同時に起こりうる。しかし，より費用のかかるインプットに比例して，生産性が向上するとき，効率の向上はコストの増加を伴う。重要なのは，ある取り組みの効率は，インプットのコストだけでなく，アウトプットの質をも考慮することによってのみ決定されるということである。

アジア全域で，教育運営者は効率を高めるという大きなプレッシャーのもとにある。しかし，残念なことに，彼ら／彼女らはそれを，質を改善させるよりもむしろコストを削減するよう命じられていると解釈することが多い。それには３つの理由が考えられる。

(i) 指導の質を変えるには，管理者が間接的に，教員を通じて働きかける必要があるのに対して，支出は管理者がより直接的に管理していることが多い。

(ii) コストを削減したことは質が改善されたことよりも，より短期間で明らかに目に見える。

(iii) 質的改善によって効率を高めるには，多くの教育管理者が教授＝学習プロセスについて現在理解している以上に，より十分に理解しなければならない。

■効率への原動力—教育運営へのいくつかのインプリケーション

教育運営者は支出の配分方法と導入するプログラム，そして，それらの２つ

のバランスをとるように教育の効率を調整する役割を担っている。もし,効率向上への動きが露骨なコスト削減(と,それに伴う質の低下への影響)以上のことを意味するとすれば,(i) **どのインプットと教育分配のプロセスが生徒のよりよい学習活動に貢献するのか**,そして,(ii) **どのインプットと指導のプロセスが,生徒の学習活動の深刻な低下を招くことなく削減できるのか**を,管理者は明確に理解したうえで働く必要がある。それ以上に重要なことは,彼ら／彼女らは自分たちが何を知っているのかを明確に理解し,それを,自分たちが共同して働く様々な構成グループに説明しなければならないということである。効果的な指導方法と引き換えに,コストのより低い,しかし,「優れていると期待される」指導方法を採用することは危険である。あるいは,求められるアウトプットをもたらすインプットと,実際に用いられる指導戦略を組み合わせることを確かにする,よりシステマティックな方法に頼ることなく,今現在役立っていることについて,通念に従うのは危険である。教育運営者は運営に関することだけでなく,教育のプロセスについても十分に知っておく必要がある。

■効率への阻害要因

教育省レベルの運営におけるより高い効率へと駆り立てる,最も説得力のあるインセンティブの1つは,確保された教育リソースは,より優先度の高い分野に再配分され得るという確信である。しかし,これはいつもそうとは限らない。いくつかの国では,教員給与は教育省の経常予算全体の90％以上を占めており,人員削減が資金を埋め合わせる唯一の,そして,最も魅力的な手段となっている。しかし,大抵は,この自由な資金を,プログラムを作り直す資金として,教育省が使用できるという保証はない。過去10年間の厳しい財政環境では,多くの政府貯蓄は中央政府の財政赤字を削減するために,中央政府に吸い上げられてきた。この状況は,いかなる教育セクターの人員,いかなるリソースであれ,セクター内に留め置こうとするインセンティブを作り出してきた。人員削減によるコスト削減は必ずしも,効率の向上につながらず,省内に留まる人々の仕

事量を増やすことになる。

学校レベルでの効率の向上は一般に，あまりリソース削減の対象にはならない。学校レベルの効率の追求は大抵，コストを上げることなく指導の質を改善することを目的とする実践の導入による。したがって，効率を高めるには，教育運営者が指導プロセスについての十分な知識をもつ必要がある。

第3節　地方分権化

ほとんどすべてのアジアの国々ではこれまで，ある程度の地方分権化を推進するような，公的な政策が立案されてきた。法が定める形態は非常に多様であるが，重要な形態には以下の2つがある。(i) 学校に関する権限と責任を中央政権から中間レベルの機構，そして，究極には，学校への権限委譲であり，これは地元コミュニティに学校の資金調達を頼ることが多い；(ii) 私立の学校教育への垣根を取り払うことである。このことは他の文献でも広く議論されてきた (例えば，Bray, 1996b, 1999a; Hannaway, 1995; Hannaway and Carnoy, 1993; Rondinelli and Puma, 1995)。

地方分権化のメリットは教育運営に関する文献の中では，最も研究されてきたトピックの1つであるにも関わらず，今でも激しく議論されている。地方分権化の支持者は，分権化はコミュニティと学校により近い人々に，意思決定の権限を移し，その結果，地元の事情と必要により応じた決定をすることができるようになると主張する。彼ら／彼女らは，地方分権化は学校へのコミュニティ参加と資金的な支援を，より促進する方法であると信じている。分権化に反対する人々は，権限と責任を地方に分権化することは，問題を解決するにはより準備不足な教育システムのレベルにまで，これまでと同じ古い問題を移動させるだけかもしれず，そして，教育運営における分権化は腐敗と非効率を招くと提言している。また，分権化の反対論者は，コミュニティは必ずしも単一の意見

をもっているとは限らないので,地方分権化することで,地元レベルでの対立が高まってしまうこともあるとも指摘する。賛成派と反対派の意見のどちらも,おそらくある程度まで同じくらい正しいだろう。地方分権化が,コミュニティと学校により適した教育決定をもたらすのか,それとも,混乱を招くのか,それは主として,地区とコミュニティ,学校レベルにおけるリーダーシップによって決まるだろう。

最も積極的に地方分権化を取り入れている状況であっても,すべての機能が分権化されるわけではない。実際,カリキュラムと試験はほとんどどこでも,中央政府の機能として残されている。しかし,教員の選抜と配置,教科書と他の指導教材の選定,施設の建設とメンテナンス,そして何よりも重要なのは,資金調達などの活動に対しては,地区とコミュニティ,学校がより責任を負っている。

地方分権化が**教育**革新として,きちんと見なされ得るのかはまだ明らかでない。つまり,分権化が教室内での生徒の学習経験や学習量に変化をもたらすのかどうかがはっきりしていないのである。同様に,コミュニティ・ファイナンシングのインパクトは,新たに得られる資金が,政府による現状レベルの資金供与に追加的に発生するのか,それとも,単に取って代わるだけなのかに左右される。さらなる地方分権化の推進の,**教育への**価値の大半は,コミュニティと学校が,拡大された自分たちの自律性を,いかに活用するかにかかっているだろう。学校教育の質を改善するために,賢明にリソースを使用するには,よい指導の本質を理解し,実際の本質以上に誇示するために資金を使わせようとするプレッシャーに屈しないような学校運営者が求められる。

地方分権化に関する文献と国際的な経験から,一般化できることが4つあることがわかっている。

(i) 地方分権化する動機は必ずしも教育に関連があるとは限らない。地方分権化は,中央政府の資金負荷を軽減する手段として,コミュニティによる出資を増やすために行われることもしばしばである(隠された徴税)。

例えば，パプア・ニューギニアとソロモン諸島では，地域の政治的緊張を拡散させる手段として，分権化が導入されてきた。教育システムを分権化することで，教室における子どもの学習経験が変化することを示す証拠は比較的少ない。しかし，このことは，地方分権化は望ましい目標ではないといっているのではない。単に，教育のアウトカムを生み出さないかもしれないといっているだけである。

(ii) 多くの国は長い間，中央レベルの脆弱な運営や全レベル横断的なコミュニケーションの不足によって，**事実上の地方分権化**を経験してきた。このような状況では，地元の学校はいつも，中央政府が提供しようとしない，または，提供できないものを，コミュニティに代わりに提供してもらうしかなかった。

(iii) 地方分権化によってエンパワーされていると感じるよりもむしろ，搾取されていると感じるコミュニティもある。こうしたコミュニティは，より多くのリソースを提供するよう要求されているにも関わらず，それに応じて，教育の質も改善されているとは考えていないのである。

(iv) 地方分権化は全レベルの管理者にかなり異なる要求をする。なぜなら，行政組織のトップにおいては，管理者は権限を手放さなければならないが，地方レベルでは，より大きな権限と責任を引き受けなければならないからである。

■教育運営者へのいくつかのインプリケーション

地方分権化への動きの中で，校長は3つのイッシューに直面する。第1に，ほんの数ヵ国の校長だけが，分権化に伴う難しい状況に挑むための研修を受け，バックグラウンドをもっているにすぎない。多くのアジア諸国では，地方分権

化された学校運営をよいアウトカムにつなげるには，大規模な支援と研修が必要であろう。皮肉にも，最も広くもてはやされている改革努力の1つが，非常に多くの新たな責任を，おそらくそれらに対処する準備が最もできていないであろう教育運営者たちに負わせることになる。地方分権化にいかなる教育的価値があろうとも，校長がそれを学校内での具体的な行動に移すことができなければ，その価値は大きく失われる。

　第2に，地方分権化によって，コミュニティはよりいっそう，透明性と説明責任を，学校と教育システムの運営者の側に求めるようになるかもしれない。しかし，彼ら／彼女ら管理者はこれが何を意味しているかを理解したり，また，この要求にどのように応じるべきかを理解したりするには限られた経験しかないかもしれない。

　第3に，地方分権化が意思決定の権限をコミュニティのもとに戻す限り，分権化は教育改革の勢いを抑えてしまう可能性がある。コミュニティはどちらかといえば保守的である。指導教材や指導方法，テストの善意の変更でさえ，たいへんな反対を招いてしまうこともある。反対する人々は，生徒が勉強すべきことや教員の指導方法，学習活動の測定方法に新たな考えを導入して，自分たちの子どもの将来を危険にさらしたくないと考えることが多い。保護者と教員は，地方分権化はアドバンテージのバランスを崩すものと理解している可能性もある。現行のシステムで上手くいっている人々は，自分たちのアドバンテージをあやしくする変化には抵抗するかもしれない。保護者は一般に，教育の質が改善されることに関心を示している。しかし，彼ら／彼女らは，学校教育から自分たちの子どもが既に得たであろう比較優位を守ることに，それが何であれ，**より高い関心を示すことの方が多い**。彼ら／彼女らは，自分たちの子どもが学校教育から当然得るであろう，どんな利得も，それが何であれ，享受できる状況に子どもがいるということを確かにしておきたいのである。これらのことから当然の結果として考えられることは，**少なくとも，子どもに短期的なリスクがあると思われれば，教育の質を改善する努力をするとき，保護者と教員，校長は自**

然に連帯するとは限らないかもしれないということである。

中央で計画された地方分権化が, 地元レベルでのコントロールも学校レベルでのリソース拡大も, どちらも生み出すとは限らないというフィリピンの経験がある (Laya, 1987)。ロッキードとチャオ (Lockheed and Zhao, 1992) によると, 地元に委託された (そして, 資金調達された) 学校は公立学校や私立学校と同じようには運営されない。地元に委託された学校の生徒 1 人当たりの支出は, 公立学校と私立学校よりもかなり低く, その結果, 使い道を決めなければならないリソースはほとんどない。地元による学校には, 指導と学校運営に対する地元のコントロールが (私立学校以上に) ほとんどなかったのである。ちなみに, 私立学校の管理者はコントロールするべきリソースを多くもち, 指導と学校運営に関する意思決定をかなりコントロールしていた。リソースが十分に供給されていない学校管理者は, 教材と非教材のインプットがないからといって, それを運営上の手腕でうまくごまかして, 簡単に埋め合わせることはできないのである。彼ら／彼女らは基本的なインプットを必要としており, それで何とかやっていく他ないのである。これらの結果は, 地方分権化に向けた政策だけでは, 学校で現在起きていることを必ずしも変えるとは限らないことを示唆している。

地方分権化 (そして, コミュニティ参加とコミュニティ・ファイナンシングの強化に密接に関係する要素) は, 教育運営に重要な意味をもっている。教育システム内の, 学校により近いレベルの管理者には, 戦略的な計画立案のより高度なスキルと, プログラムの様々な要素を一体化させる能力が必要である。意思決定の権限がコミュニティと学校に移るにつれて, 校長は財務運営とプログラム運営, そして, コンセンサス形成に対するより大きな責任を負うことになるだろう。

地方分権化はまた, 学校より上のレベルの教育運営者が予期しておかなければならない, 意図せぬ問題も引き起こす。例えば, 地方分権化は不公正を助長する。国がいくつかの教育機能を中央に集中させる 1 つの理由は, 経済手段が異

なるコミュニティ間での，リソースの公正な分配を確保するためである。豊かなコミュニティは貧しいコミュニティよりも，ずっと多くの資金を学校に提供できるので，分権化して，学校に対する資金調達におけるより強い責任を，地元コミュニティに担わせると，1国内での不公正が拡大しかねない。これによって，地区や地域，中央の管理者が，地方分権化は公正性を損なうと確信するようになる。

第4節 民営化

民営化は地方分権化の1つの形態であるが，域内においては，特別な注意を払う価値が十分にある。ある場合は地方分権化への動きに応えて，ある場合は公立教育の需要を軽減するために，時には，私立学校は低い費用でよりよい教育を提供するかもしれないという証拠があるために，DMCsは，私立の学校教育を許可する(場合によっては奨励する)ことに，新たな関心を示している(Bajracharya, Thapa, and Chitrakar 1997; Research Institute for Higher Education Problems, 1997を参照)。表I-8が示すように，私立教育は初等教育レベルよりも，中等教育レベルの学校教育でより一般的である。例えばインドネシアでは，全国的に見て，私立の学校教育は中等教育の就学者の60%を擁している。

表I-8 教育における私立セクターの相対的役割(%)

国	私立初等教育	私立中等教育
インド	25	52
インドネシア	13	60
日本	1	15
フィリピン	5	38
シンガポール	35	1
タイ	11	32

出典：James, 1993

私立の学校教育を支持する支配的な議論は，私立の学校教育は

- より質が高い
- 入学定員を増やす
- より効率的である
- 教育を支持する追加的な民間資金を振興する

　しかし，これらの議論がすべて，同等の説得力をもつわけではない。私立学校がより質の高い指導を提供するのか，または，より効率的に運営されているのかは，私立学校のタイプによって異なる。ブレイ (Bray, 1998) は4つのタイプに分類する。(i) 一般に，高い費用で，質の高い教育を提供するエリート私立学校；(ii) 公立学校システムに代わるものとして，宗教団体や他の非営利団体によって運営されている学校で，その質は公立学校よりも高かったり，同程度であったり，低かったりする学校；(iii) 需要過剰に応じて，公立学校システムに入り込めない (または，在籍し続けられない) 人々への第2の機会を提供する，質の低い，そして，費用のかからない施設；そして，(iv) 公立学校に通えるが，必要経費の徴収や他のことが障壁となって，公立学校への通学を妨げられている生徒を相手にする，費用のかからない施設である。
　私立学校の設置はたいてい入学定員を増やすが，一方で，増加した定員が，私立学校に入学できないとすれば，公立学校にも入学することもできない子どもに供給されるのか，そうではなく，いずれにしても入学できるであろう子どもに，単に，代替の機会を提供するだけなのかによって，定員増加のインパクトは異なる。しかし，私立学校の効率はより高いとの議論の根拠となる証拠は複雑である。私立学校の運営者には，効率的に学校を運営することへのインセンティブがより多くあり，また，彼ら／彼女らはパートタイムの教員や他のより低賃金の教員を雇用することができるという理由もあって，私立学校は公立学校よりも効率的であることを発見した研究がいくつかある (Bray, 1998)。エリート

私立学校の効率は問題になりやすい。なぜなら、エリート私立学校は質の高い教育を提供する一方、概して、公立学校よりかなり高い費用がかかるからである。例えば中華人民共和国では、私立学校には公立学校よりも、十分に人材が配置されている。私立学校では管理者と教員の割合は平均して1対4であるが、コミュニティによって運営されている学校では1対25、公立学校では（全般的に見れば）1対7である(PRC, 1997)。コストのあまりかからない私立学校の指導の質は、学校によって大きく異なるが、一般的に低い。しかし、質に対するコストを検討すると、公立学校への家族からの援助は、一般に理解されているよりも高い可能性もあり、こういったケースでは私立教育に有利かもしれない。東アジアのいくつかの国における、保護者による自分たちの子どもの通う公立学校への援助に関する最近の分析で、個人的な資金拠出の量が多いことがわかった(Bray, 1996a, 1999b)。この研究は、広く認識されている以上に、事実上の民営化が存在することを示している。

国内の私立学校の割合を増やす方法は基本的に4つある。(i) 公立学校の所有権を個人や団体に移す；(ii) 公立学校の数を一定に保ちつつ、私立学校の振興を許可する；(iii) 私立学校に政府の直接支援を与える；(iv) 政府のコントロール下に置いたままの、民間によって資金調達される学校の数を増やす。アジア全域で最も一般的な戦略は、私立学校への規制を緩め、市場原理が働くことを許可することである。こうすることで、一般的には、教育省が依然としてカリキュラムを決定するが、私立学校が最もよいと考える方法でそれを実行することができる。

■教育運営者へのいくつかのインプリケーション

民間部門という別の選択肢が拡大するにつれて、結局、公立学校から管理者と教員が失われかねない。しかし、今のところ、私立学校の成長は、深刻な問題を引き起こすほど急速ではない。おそらくもっと重要なことは、私立学校が効果的に機能するようになれば、彼ら／彼女ら学校管理者には、多様な構成グループと働くための、新しいスキルが必要となるということである。こうしたスキ

ルは，学校へのコミュニティ・レベルの参加をより促進するようなシステム下にいる，公立学校の管理者にも必要とされる。

第5節　教育運営情報システム (EMIS)

　意思決定に必要な情報の質と入手可能性，適時性はしばしば，省レベルの効果的な運営への主要な制約と見られてきた。教育システムの次元とシステムを取り囲む問題が理解されてはじめて，教育システムの適切な計画立案と運営が可能となる。この事実から，多くの注目とリソースが，国家のデータシステムの改善に注がれた。例えば，カンボジアやインドネシア，マレーシア，ネパール，フィリピンのすべての国で，過去数年間に，教育運営情報システム (EMIS) のかなりの改善努力が行われた (Adams and Boediono, 1997; Cambodia, 1997; Chapman and Dhungana, 1991 を参照)。その結果，多くの **DMCs** では，教育システムに関する利用可能な適切なデータを，タイムリーに手に入れられるようになった。しかし，現在，こうした成功が無意味になる可能性も懸念されている (Chapman and Mählck, 1993)。教育運営者 (そして，他の人々) は教育プロセスを改善するために，こうした情報をいかに活用するべきかを知らないということが顕著になりつつある。情報を収集し，分析する能力が向上しても，必ずしもそれが最も重要となるレベル，つまり，本当の意味での教育プロセスが起こる学校と教室での教育実践の改善につながるとは限らない。

　こうした欠点が起こる理由の1つは，教育省が**余りにも多く**の情報を集めてしまい，EMIS のパラドックスを招いてしまったことである。つまり，政府高官はデータが不足すると，より多くのデータを収集するように命じる場合が余りにも多いのである。さらなるデータは，それらのデータを分析し，解釈し，報告する政府職員の能力を圧倒し，その結果，政府高官には，彼ら／彼女らが必要とする情報が手に入らないままになってしまう。さらなるデータが集められたと

しても，それは教育システムの機能を壊してしまうだけであるにもかかわらず，データが不足しているとの合図を，データをさらにもっと集める必要があることと考えてしまう上級運営者によって，問題が誤解されているのである。既に収集されたデータを，より賢明に使用することで問題は解決される。DMCsはこの方向に前進しているが，その速度を速める必要がある。

　EMISの努力が期待はずれの結果となっている別の理由は，EMISの擁護者たちが，どのような組織であれば教育改善は起こるのかを理解してこなかったということである。教育改革は，合理的に計画されたことを実践することであると同時に，政治的な取り組みでもある。情報システムが，広く一般的な政治的見解を支持しない結果をもたらすとき，そのデータは削除されることもある(Chapman and Mählck, 1993; Chapman, Mählck, and Smulders, 1997)。

　これまでEMISが域内で直面してきたすべての問題を解決するには，意思決定にあたり，適切かつ正確，そして，タイムリーなデータが必要であり，それらのデータに基づいて，教育システムの効果的な計画と運営が決定される必要がある。教育運営をよりよくサポートするために，将来の情報システムがいかにデザインされ，実行されるべきかを考えるとき，過去10年間の経験は相当高い見識を提供してくれる。

■教育運営者へのいくつかのインプリケーション

　多くの教育管理者は意思決定において，データを解釈し，効果的に活用する専門性をもっていない。ましな場合でも，予測と動向，ユニットコスト，サイクルコストは不明であり，最悪の場合では，データは政治的に対立する人々の対立手段となる。しかし，教育システムは人間関係のネットワークに基づく直感で運営するには余りにも大きく，複雑になりつつある。管理者はどのようにデータを扱って仕事をするべきか，いかに自身のためにデータを作りだすべきかを学習しなければならないだろう。このようなスタッフは年に1回の，1週間のワークショップでは養成できない。データの効果的な活用は他の教育改善努力

において，非常に根本的な基礎的要素であり，したがって，計画立案と，プログラム運営のために，データを効果的に活用するとき，学校管理者と教育システムの管理者を訓練するための，周到に考えられた戦略を開発することが，今後10年間で，最も優先して取り組まれるものの1つとなる必要がある。

第6節 教員組合の組織化

　急速な経済成長を遂げている東アジアの多くの国では，高度に組合の組織化が進んでいる。例えば，台湾 (China) では労働力の35％は，労働組合に属している。フィリピンでは，労働組合は法律のもと特別な保護を受けている。教員組合は，強くなるにつれ，よりよい給与，手当，労働条件，そしてキャリア移動を求めて，より積極的に組合員のニーズを擁護することを期待することができる。教員組合の要求は妥当かもしれないが，教員組合によってもたらされるプレッシャーは教育運営者にとって開かれた選択の範囲を規制することになろう。

　特に，教員組合は教育を「改革する」政府のイニシアティブに反対することもある。例えば，教員と教員組合は，しばしば地方分権化への取り組みに抵抗してきた (Reimers, 1997)。教員は，コミュニティが新しい，より大きな，そして，おそらく不合理な要求を彼ら／彼女らに課することを懸念し，また，彼ら／彼女らが頼みとするものも，保護するものもないことを懸念する。教員組合は，教員の雇用が中央に集中される方が，団体交渉がより容易で強力であることを認識している。

　さらにもう1つの問題は，いくつかのDMCsにおいて，教員組合が非常に政治的になっていることである。教員組合は，国政において党派性が強いものと見なされている。その結果，教員 (そして，より一般には教育) のニーズは教員組合の支持しない政党が政権の座にあるときには無視され，教員組合の支持する政党が支配しているときには迎合することになる。どちらの状況も，教育の

長期的発展のためには必ずしも利益をもたらさない。構成グループとしての教員のニーズ，国家開発の一分野としての教育，国家の政党政治のダイナミクスが混同されている。

第7節 教育管理者におけるジェンダーの多様性

大多数の教員が女性である国においてさえ，管理職ランクでの女性の比率は十分に高いとはいえない。例えば，日本では，女性は小学校長の7％，中学校長の1％，高等学校長の2％しか占めていない。カンボジアでは校長の9％だけが女性で，そのほとんどが都市部に集中している。中華人民共和国では，初級中学教員の38％が女性であるけれども，管理者には24％しか女性はいない(表Ⅰ-9)。

優秀な管理者が大変不足しており，補充の見込みがないほど必要とされている，まさにその時点において，管理職における女性の比率があまりにも低いことは国家のリソースを浪費しているということである。域内の経済発展によってキャリア選択とキャリア移動の自由が拡大したので，有能な教育管理者を引きつけ，引き留めておく努力は強まるだろう。教育当局は，学校とシステム管理とにおいて女性の才能と能力を看過する(または過小評価する)ことのコストを考慮する必要がある。

表Ⅰ-9　中華人民共和国：普通中学校における女性の学校管理者，1996年

	初級中学教員	高級中学教員	初級・高級中学教員の総数	管理者
総数	2,892,688	572,071	3,464,759	493,523
女性の数	1,107,288	173,032	1,280,320	120,573
女性の割合	38％	30％	37％	24％

出典：中華人民共和国，計画建設司 (Department of Planning and Construction), 1997

第8節 効果的な教員へのインセンティブの模索

　教育運営者の重要な仕事は，目標に向かって組織を動かすようにリソースを分配することである。しかし，多くの開発途上諸国では深刻な財政的制約のために，最も直接的なインセンティブ，つまり給与を高める可能性はきびしく制限される。このために，政府のより一層の貨幣的コストをほとんど，あるいは全く伴わずに，教育の質と効率を改善させることができる非貨幣的，低コスト・インセンティブを明確にすることに対して，教育政策決定者と教育管理者の側がかなりの関心を抱くこととなった (Kemmerer 1990)。報償を与える教育運営者が潜在的に利用可能な，教員へのインセンティブの例は表Ⅰ－10に示されている。

　残念なことに，3つの理由により，インセンティブ・システムはうまく機能してこなかった。第1に，世界の他の地域における研究によれば，教員へのインセンティブが教員の仕事に対する満足度を増すことができ，より恵まれた教員が教職に留まることを選択するので，教員の退職などによる減少を抑えるのに役立つかもしれない，ということである。しかし，実際に表Ⅰ－10で示されたタイプのインセンティブが，教員の教室での実践に変化をもたらすことを示唆する証拠はほとんどない。また，変化につながらないことを示唆する証拠もある (Chapman, Snyder, and Burchfield, 1993)。国家の教員へのインセンティブ・システムのレベルでは，実際のビヘイビアとインセンティブとの結びつきが間接的であるということが主な理由である。第2に，インセンティブの運営には，しばしば，各国がもっている，あるいは容易に創造できる以上に，より強力な運営情報システムが必要とされる (すでに上述した)。例えば，教員の行動に対するインセンティブとして，将来ポスト面での優遇を約束することとか，研修の機会を与えることなどを活用するためには，教育運営者が，将来のアサインメント (割り当てられた任務) を予想して計画することができるように，教員にアサ

表Ⅰ-10　教員へのインセンティブのタイプ

金銭的報酬	福利厚生（続き）	視察
給与	・追加的な教育の仕事（例，成人教育）	・観察
・初任給	・試験評価	・フィードバック
・給与表	・教科書執筆	・コーチング
・支払いの規則性	・開発プロジェクト	
・能力給		教員研修
	ボーナス	・学級運営
諸手当	・勤勉手当	・教材の使用
・教材手当	・生徒の学業成績に対するボーナス	・授業準備
・住居手当	・学級プロジェクトのための補助金	・テスト管理
・生活手当		
・通勤手当	教育上のサポート	キャリア形成の機会
	教材	・上級教員
給与と同種の補助	・教員用指導書	・校長
・無償か補助付きの住居	- 必要な時に	・視学官
・無償か補助付きの食糧	- 全教科の分野で	・退職後のための研修
・小地所	- 適切な言語で	
・低金利ローン	・生徒用教科書	労働条件
・子どものための奨学金	- 必要な時に	・学校設備
・無償献本	- 全教科の分野で	・教室設備
	- 適切な言語で	・生徒数
福利厚生	- 教室の図表	・生徒の年齢範囲
・有給休暇	・科学備品	・同僚間の関係
・病気休暇	・複製本	
・産休	・鉛筆	
・健康保険	・黒板	
・医療扶助	・教材の安全な保管	
・年金		
・生命保険		
・割増勤務		

出典：Kemmerer, 1990

インメントと研修を与えてコースにのせることができなければならない。第3に，報酬を広範囲にわたって活用すると，結局そのインセンティブの価値を損なわせることになってしまう。インセンティブが標準的な慣行になってしまうと，その報酬価値は下落するだろう。教員は，住宅の供給，特別手当，あるいは研修の機会を期待するようになるだろう。インセンティブとして始まったが広範囲にわたってしまったものを抑制するようなことは，教育運営にとっては問題になるであろう。

第9節　なぜ相変わらず運営能力は脆弱なのか？

　脆弱な運営能力は，DMCsの教育システムについて最も広く引き合いに出された批判の1つである。この10年における教育システムについての，国内・域内の実質的にすべての研究には，継続的なシステム開発の前提条件として，より多くの運営・管理研修への要請が高まっているということが含まれている。脆弱な運営がこれほどしばしば確認され，問題として広く認められるというのに，なぜ運営におけるそのような重大な欠陥が改善されることなく存続するのか？そして，なぜ教育運営者と教育管理者について利用可能なデータがほとんどないのか？実質的にすべての域内の教育セクター研究においても，校長とシステム運営者にもっと多くの研修が必要だと指摘しているにもかかわらず，システム管理または学校管理に従事している個人の数，彼ら／彼女らの受けた研修の量または質，彼ら／彼女らがもっと多くの研修を必要とするような特定のスキルについて報告している研究はほとんどない。さらに，国家レベルのデータの概要がすべての非教育スタッフを一緒くたにされていることはまれではなく，そのために地区の教育公務員を庭師やコックから区別することが難しくなっている。

　この10年間の実質的にすべての国内・域内の教育研究が，より効果的・戦略

的な計画立案，よりよいスタッフ配備，予算編成，プログラムの実施を確立し，そして一般に教育運営を強化することの必要性に言及しているのだが，それだけになぜ，効果的な教育運営がこのように相も変わらず問題であり続けているのか？以下の3つの理由が考慮されるべきである。

(i) 教育セクターの運営はこの10年にわたって改善されてきたが，より困難な問題が発生している。他のセクターとのリソースをめぐり，強まりつつあり，かつ，やむにやまれぬ競争，地方分権化への動き，そして教員組合の増大しつつある力といった諸要因が教育運営者に新しい要求を課しているのである。

(ii) よい運営は敵をもつ。というのは，ある者は，教育システムの効率が低いことによって利益を得ているからである。また，ある者は個人的利益を獲得しているからである。1つの意思表明が行われるのは，省内の異なる部署にまたがる責任と権限の余分な，あるいは混乱したラインを確定するために政策決定者がほとんど，あるいは全く何もしない時である。決定する（そして潜在的味方に敵対する）ことの政治的コストは，混乱が持続することを許容するコストより大きいと考えられる。

(iii) 研修を受けた職員の離転職はずっと問題であり続けている。さらにまた，効果的な研修は問題を悪化させるだけである。教育管理者は，もっと給与のよい民間セクターの雇用機会に対して職員により競争力をつけるようなスキルを開発しているようなものであるから，研修を受けることは，教育の世界に留まることの機会費用を変化させる。したがって研修は，一度分配されたら，それで完了したと見なされうるようなものでない。

大部分の研究は，より多くの研修が「運営問題」を解決するために必要であ

ると結論づけている。しかし，研修の不足が問題である場合に限り，研修はその解決策である。多くのDMCsにおいて，運営を改善するために研修のみに頼っているということは，問題を誤解しているということである。疑う余地なく，より多くの運営研修とリーダーシップ研修が必要とされているけれども，研修は運営の特定の側面(例えば，予算を組むこと，データの動向を分析すること，評価)における技術的スキルを伝授するだけになりがちである。しかし，教育政策決定は政治的なプロセスである。教育運営者は政治的な制約の中で働いているが，そのために彼ら／彼女らのもつ新しい知識をいつも実行に移すことができるとは限らない。彼ら／彼女らはそのツールをもって働くわけであるが，必ずしもツールが与えられているというわけではない。彼ら／彼女らが重要なインセンティブまたはディスインセンティブをコントロールしなければ，質や効率を高める方向へ教育システムを動かすことは損な提案である。研修が時には口実として使われるという懸念がある。つまり，研修を提供することによって，政府は一見解決策を提供しているように見えるが，実は教育運営につきまとう根底にある問題をはっきりさせるということにコミットしていないということである。

表 I－11　教育運営に関するアジアの教育における主要な動向の予想されるインパクト

動　向	中央政府による教育の運営へのインパクト	教育省という中間レベルの運営へのインパクト	学校レベルの運営へのインパクト
質	・教育プロセスについてのかなりの技術的な知識があるスタッフを必要とする(例，どんなインプットが，生徒の学習活動を改善しそうか)。	・教育プロセスについてのかなりの技術的な知識があるスタッフを必要とする(例，どんなインプットが，生徒の学習活動を改善しそうか)。	・校長は，授業視察により関与する必要があるかもしれない。

第3章 今後10年間の主要なイッシュー

動向	中央政府による教育の運営へのインパクト	教育省という中間レベルの運営へのインパクト	学校レベルの運営へのインパクト
効率	・中央のスタッフの削減に至るかもしれない。 ・教育プロセスについてのかなりの技術的な知識があるスタッフを必要とする（例，どんなインプットが，生徒の学習活動を改善しそうか）。 ・中央のスタッフは，新しいイニシアティブが学校レベルで実行されることを保証するため教員と協働する効果的な方法を見つけなければならない。	・スタッフの削減に至るかもしれない。 ・スタッフは，教育プロセスについてのより強力な技術的知識をもつ必要がある。	・校長は，新しい地元のリソースの流れを見つけ，より効果的な教員視察を提供するようにプレッシャーをかけられる。 ・校長は，コミュニティとの関係と教員視察の技術面においてより多くの研修を必要とする。
地方分権化	・現職者を権威と威信の喪失という脅威にさらす。 ・中央のスタッフにとっては地域または地区の教育当局に再配備されることになるかもしれない。 ・複数の構成グループと効果的に交渉して，働くことができるスタッフを必要とする。	・責任のある範囲内で作業負担を増やしうる。 ・規則の執行から離れて，アドバイスと援助の提供へと，地元の学校との関係を変更する必要があるかもしれない。 ・中間レベルの官僚への信頼性は，権限に基づいたものから，地元の学校とコミュニティを援助することができるような認知された専門知識へと移るかもしれない。	・新たな責任が校長にかぶさってくる。 ・教員の抵抗に直面するかもしれない。 ・団体交渉ができることを望む教員との葛藤が生まれる。 ・国家政策との相違として地元レベルの構成員の間で深まった葛藤が地元の議論に取って代わられる。 ・校長は，どんな行動（そして，経費）が生徒の学習活動を改善するかについてもっと知る必要がある。

動向	中央政府による教育の運営へのインパクト	教育省という中間レベルの運営へのインパクト	学校レベルの運営へのインパクト
地方分権化			・校長は、学校改善努力に着手することに対するより大きな責任をもつ。彼ら／彼女は、プログラムを設計することができなければならない。
学校へのコミュニティ・ファイナンシングの増加	・コミュニティがより財政的責任を取っていると考えられるならば、中央政府の教育資金供与は減少するかもしれない。 ・学校間、地区間の不平等が拡大する。	非該当	・校長は、どのように資金を処理し、説明責任を果たすかを知る必要がある。 ・校長は、生徒のよりよい学習活動に向けてどのように資金を使えばよいかを知る必要がある。
教員組合の組織化	・教員の労働条件に影響を及ぼす政策を委任する範囲が狭まる。	・教員の労働条件に影響を及ぼす政策を委任する範囲が狭まる。	・校長の行動は教員組合の規則によって制約される。
情報	・あらゆるレベルの官僚は、合理性を明瞭に表現して、決定を正当化するために、より多くのプレッシャーを受ける。 ・官僚は、利己心に基づく意思決定をする機会が少なくなる。 ・省内の力関係が変化し、どのようにデータを解釈して、使うかを知っている人々が重宝される。	・あらゆるレベルの官僚は、合理性を明瞭に表現して、決定を正当化するために、より多くのプレッシャーを受ける。 ・省内の力関係が変化し、どのようにデータを解釈して、使うかを知っている人々が重宝される。	・新しい領域の内容を学ぶことをほとんどの校長に要求する。 ・中央省庁にデータを提供するよう圧力が増す。

■第3章■ 今後10年間の主要なイッシュー

動向	中央政府による教育の運営へのインパクト	教育省という中間レベルの運営へのインパクト	学校レベルの運営へのインパクト
情報	・インフォーマルなコミュニケーション・システムが脅かされる。		
改善されたコミュニケーション技術（携帯電話, インターネット, 等）	・官僚はよりたやすく学校へ政策とプログラムを伝えることができるようになる。学校は直接中央省庁のスタッフへ質問を向けることができる。	・官僚はよりたやすく学校へ政策とプログラムを伝えることができるようになる。学校は直接中央省庁のスタッフへ質問を向けることができる。	・中央省庁がより監督しやすくなるので, 学校はいくらかの独立性を失う。
中等教育の拡大へのプッシュ	・初等と中等のサブセクター間でリソースをめぐる競争が激化する。	非該当	・中等学校の数が拡大するにつれ, 運営における新たなキャリアの機会が生まれる。
高等教育への民間コストの増加	・民間コストを抑制ないしは縮小するために公的助成金に対する圧力が強まる。	非該当	・より高い授業料や他の諸経費に対し生徒が抗議したり衝突したりする。

第4章　教育運営者の専門的能力の開発

　多くのDMCsにおいて，管理職研修に対して明確に責任をもつ部門はない。それは，ほとんど後から思いついたこととして，無視されるか，教員研修に無理やりくっつけられるのである。

　アジア中の教育運営が改善されるべきものであるならば，大規模に効果的な研修が行われる必要があろう。しかし，研修は，単独では解決策とはならない。域内における脆弱な教育運営の多くは，研修不足よりも他の要因による。一見，運営がうまくいっていないように見える場合でも，それはしばしば運営スキルの欠如以外の原因から起こっている。あまりにもしばしば，政界の混乱あるいは必要な変更に要する資金の不足から起こる問題に対する救済策として研修は提供されている。計画立案には難しい選択が要求される。そして，それは不安定な政治的環境では一層難しいかもしれない。研修が不十分であることは，適切に戦略的な計画立案を行えない原因の1つではあるかもしれないが，多くの場合最大の要因ではない。

　効果的な研修が教育運営を改善する解決策である場合でさえ，それはマイナス面をもつ。教育者が新しい運営，予算編成，そして計画立案スキルを開発するにつれ，彼ら／彼女らの新しい雇用機会は，特に民間部門で増えるだろう。それゆえに，アジアの経済が成長し，繁栄し続けると，資格のある教育管理者を教育システム内にとどめておくことはますます難しくなるだろう。

第1節　険しい職階級（ハイアラーキー）を上る：キャリアパス

　DMCsの教育運営における明らかな脆弱性は，様々な程度においてではあるが，以下の3点から起こると考えることができる。(i) 誰がその分野に入るのか，そして，彼ら／彼女らはどのようにして選抜されるのか，(ii) 教育管理者が直面する運営業務に向けて，彼ら／彼女らに準備させる正規のプログラムの欠如，

(iii) 持続的な専門的能力の開発のためのモチベーションを提供するキャリア階梯の欠如。これらの要因について以下，議論する。

(i) **誰がその分野に入るのか**。校長になることは，教員にとって上昇移動の数少ないパスの一つであり，大部分の校長は教員集団から補充されている。校長は教員よりも収入が多く，しばしばコミュニティでの地位も高い。彼ら／彼女らは，教員としての能力，年功，そして関心に基づいた管理を始める。場合によっては，モチベーションは，学校運営への関心またはコミットメントよりも，教授活動から逃れることの方が大きい。例えば，フィリピン議会の文教委員会 (1992, p.82) が観察するところでは，教員は低給与，ひどい労働条件，そして低い自尊心のもとにおかれているがゆえに，管理ポジションへのアスピレーションを増大させている。したがって，彼ら／彼女らの現職研修は，教授活動を強化するのではなく，昇進の機会と考えられる，より一層の管理職的アサインメントに向けての準備として役立つのである。

(ii) **正規のプログラムの準備**。いくつかの国が短い現職研修セッションを新任の校長またはシステム管理者に対して提供しているが，ほとんどの DMCs は正規の新規養成研修を提供していない。大部分の校長と省スタッフは，彼ら／彼女らの前任者を観察することによって，または試行錯誤によって自分たちの仕事を学んでいる。教育管理者 (典型的には，必要条件がもっと低かった 20 年から 30 年前に教職に就いた) は，職務への準備に関して比較的に教育をあまり受けていないことを考慮すると，彼ら／彼女らのキャリア選択は制限される。さらに，管理や運営の人員が生産性または効率を増すためのインセンティブはほとんど存在しない。

(iii) **キャリア階梯**。いったん校長になると，もう上昇移動はほとんどなく，

離転職はなおさらない。校長は, 長い間その職に留まる傾向がある。例えば, カンボジアでは, 校長の平均年齢は 45 才で, 平均して 15 年間校長の地位に就いている (表 I − 12)。10 人の校長のうちおよそ 1 人だけは, 中等教育修了後にさらに教員研修を受けている。これが意味しているのは, 学校運営が大抵はずいぶん昔に, それもしばしば非常に異なるイデオロギー的文脈において, 研修を受けた人々の手中にあり, 彼ら／彼女らは参入のための必要条件が現在より低かった時点で一度に管理に入ったということである。校長がその職に参入する時に彼ら／彼女らに要求された比較的低い教育レベルは, 彼ら／彼女らの雇用の選択肢を狭めるので, 現在, 不利に作用している。

多くの国々, 特に東アジアでは, 就学者数の伸びが鈍いという経験を有するが, これが意味しているのは, 教員が校長の地位へ移動する機会がほとんどないということであり, 校長が中・高級の官僚ポジションへ移動する機会がほとんどないということである。このパターンが顕著になる場合には, 低い離転職率が「管理者の停滞」を引き起こした。このことは, 次の 10 年間に学校管理者を待ち構えている正真正銘の新たなプレッシャーを考慮してみても, より重要である。このトピックについては後で議論する。

中間ランクは, 一般的に, 政府雇用を望んだ有能な人であるように (高級官僚には) 思えたので任命された, 公務員の運営者で充足されている。そのうちいく人かは以前に学校で教えていたかもしれず, 学校を運営していたかもしれない。しかし, これは一般的には必要条件ではなく, いくつかの国ではめったにないことでさえある。上級ランクは, 大抵, 政治的任命によって充足されている。それは, 政治的な忠実さ, 専門職としての経歴, あるいは, 理想的には, それらの組み合わせに対する個人への報酬として選ばれている。したがって, 域内の多くの校長は, 彼ら／彼女らの仕事のためにほとんど, あるいは全く, 正規の研修を受けていない。州・県など中間的省庁と中央省庁レベルにおける中級レベ

ルの運営者は，彼ら／彼女らが直面する教育問題の実践的な次元を理解するのに役立つ，学校での職場内研修または労働経験を，しばしばその職に就く前にもっているわけではない。**このプロフィールの含意するところは，学校を新しい時代に導く最も責任のある人々が古い時代に最も深く根ざした人々であるということである。**

表 I − 12　カンボジア：校長の特徴、1996/97 年

地　域	学校数	平均年齢	平均勤務年数	後期中等教育に加えて教員研修を修了した者	女性の数と%
都市部	912	45.1	17.2	125(14%)	188(21%)
農村部	4,531	45.0	15.0	228(5%)	323(7%)
遠隔地	725	42.7	13.2	18(2.5%)	32(4%)
総　数	6,168	44.7	15.1	371(6%)	543(9%)

原注：(1) 数字は，幼稚園，小学校，中学校とリセをカバーしている。
　　　(2) 学校のタイプ／レベルごとの校長のデータは統計レポートに記録されていなかった。
出典：カンボジア，1997

第2節　どのような研修が必要とされているのか？

　運営は2つのレベルで機能する。**戦略的なレベル**では，運営者は組織に対するミッション・ステートメントとビジョンを展開する。このレベルにおいて，運営者は，運営ツールと組織的機能を全範囲にわたって理解し，どのようにそれらが統合でき，状況変化に適応させることができるのかを理解しなければならない。**機能的なレベル**では，運営者は特定の生産あるいはプロセス・レベルの活動，例えば，在庫管理，財務会計または人事などに集中する。この2つのレベルに対する研修は全く異なっている。それにもかかわらず，運営研修はしばしば

特定のスキルを獲得するために構成され，より大きな戦略的フレームワーク内でスキルを統合すること，あるいは個人が既存の規則内では十分に対処しきれない状況に遭遇したときに必要とされる問題解決スキルの開発に対して十分に配慮されていない。

　1997年にユネスコ・アジア太平洋地域中央事務所(UNESCO-PROAP)が後援した教育運営の問題，政策，情報に関する域内セミナーは，アジア全域の高級教育官僚が何を中央レベル，中間レベル，学校レベルの管理者の最大の研修ニーズと考えるかについて考察する上でヒントを与えてくれる。ワークショップの一部として，17ヵ国の計画立案にかかわる高級官僚たちは，彼ら／彼女ら自身の国において，中央レベル，中間レベル，学校レベルの管理者が直面している運営上のイッシューの重要性をランクづけした。このワークショップの結果(付録1，表A1－1～表A1－3)が示すところによれば，国家レベルでは，より狭いイッシューや技術やツールに対してよりも，戦略的，長期的計画立案に対して関心が高い。省の中間レベルの運営者は，学校に根ざした問題(ミクロな計画立案，学校地図の作製，スタッフ研修)に対してより関心をもっていると(上級レベルの計画立案者によって)考えられていた。一方，学校レベルの管理者は，財務運営，スタッフ・ディベロップメント，コミュニティとの関係のような分野においてかなり具体的なスキルを開発することに最も関心があると考えられていた。

　教育運営者のための大部分の研修は，**スキルに焦点が当てられたもの**(skill focused)(例えば，予算編成法，データ解析法，評価設計法)であった。それにもかかわらず，必要とされたものの多くは，戦略的思考，クロス・インパクトの分析，そして構成グループとともに働く能力であった。将来へ向けての計画立案が欠如していることは，多くの国々の教育システムを操作する努力における重要な落し穴であるようだ。研修に対するニーズを慎重に分析した研究はほとんどないけれども，よりよいスキルの必要性が例証されている一連の著しく共通する領域がある。それは以下の通りである。

- 長期の計画立案
- 問題を評価する，より分析的なスキル
- 提案された解決法を採った場合に生じ得るインパクトを前もって予想すること
- 財務運営
- フォロースルーに対する注意

　これらは必ずしも短期的でスキル志向の研修になじむというわけではない。計画立案と問題評価の技術は，短期研修セッションの間に共有され得るが，それをうまく活用するためには次の3点を必要とする。つまり，(i) 実践，(ii) 新しいアプローチを適用する際に，説明と追加的な援助を求める機会，(iii) そのアイディアをうまく実行することへの励ましと支援である。しばしば，3点とも満たされないケースがある。

　運営者のプログラムの準備におけるより根本的な問題は，たとえ彼ら／彼女らには戦略的な計画立案スキルがあったとしても，しばしば教育プロセスについての確固たる理解が欠如しているということである。彼ら／彼女らは，生徒の学習活動を増大させるのに寄与すると，当然期待され得るインプットとプロセスが何であるか，わかっていない。この理解を欠いているため，運営者は毎日の出来事と政治的プレッシャーに対応し続けるばかりになってしまうのである。ここで得られる1つのインプリケーションは，運営者の研修は，教育プロセスを理解するためのあるフレームワークと，どのような政策的介入が，期待できるアウトプットを最も生み出しやすいのかについての情報を教育管理者に提供する必要があるということである。

第3節　管理者研修の分配：何が作用するのか？

研修が解決策の一部である場合，研修は典型的には3つの方向で組織されている。
- 入門レベルの視学官と運営者の研修
- 既存の運営者と技術者のための基本的スキルの長期研修
- 既存の運営者の専門的能力の開発とスキルの向上

域内全域で，公的セクターの研修は，4つの主要なメカニズムによって実施された。すなわち，**校内研修の可能性**(例，ネパール)，**中央集権的な政府の研修施設**(例，中華人民共和国)，**非政府研修施設**(地元の大学でのプログラム)，そして**オン・ザ・ジョブ・トレーニング**(例，事実上，域内すべてのDMCs)である。これらは，分配できる最上の研修の経費とタイプの両方において異なる。概念に基礎をおいた研修であればあるほど，時間的にも長くかかるし，費用もかかる。

スキルに基礎をおいた研修は，いくつかのより重要な研修ニーズを見のがすかもしれないが，あまり費用もかからず，より速く分配できる。地方分権化への動きの，外見上予期せざるアウトカムの1つは，下級レベルの運営者にかつてトップ・マネージメントのために確保されていた選択をさせる準備の経費である。

第4節　国際援助機関の役割

国際的な資金が十分に活用できていないことと開発プロジェクトのパフォーマンスが十分ではないこととは，脆弱な運営能力が主な理由である。国際機関は，国の開発において自身の投資を保護するためだけでも，地元の政府運営を強化することに関心をもつ。ベトナムのケースを見ると，政府は1994年から

■第4章■ 教育運営者の専門的能力の開発

2000年の間にわたっておよそ100億ドルの全体的な開発プログラム必要額を推定した。1993年の支出率は，示されているところでは4億ドル，または全体的な必要額の4分の1であった(ADB, 1996)。政府とADBによって確認された理由の1つは，教育セクターの運営の脆弱さであった。

　教育運営を強化する際の国際援助機関の役割を評価するにあたって2つの問題が考慮される必要がある。まず，第1は国際的に資金が供給されたプロジェクトによって提供される管理運営研修の効果である。第2は国際的に資金を供給されたプロジェクトが，効果的な地元の運営を強化する方向に設計され作用する範囲である。すべてのDMCsが外部資金を確保することを熱望しているため，多くのDMCsは国際機関が行う方法に過酷なまでに批判的である。それらの国々は，それが地元の特権とよい運営実践を損なっていると主張する。その主張の半分は正しい。

■管理運営研修の効果

　ほとんどの運営研修は，2つのタイプから成り立っていた。つまり，(i) 短期的でスキル志向の研修，そして (ii) 長期的で資格志向の研修，である。どちらも限られた方向において効果的であるが，いつも期待された方向において効果的であるというわけではない。どちらのケースにおいても，研修は受講者に，より高収入の雇用の選択肢を見つけるスキルと能力を提供している。これは国家の発展には寄与するであろうが，必ずしも教育システムの発展に寄与するとは限らない。

　短期研修の長期的なインパクトに関する深刻な問題がある。短期研修は，設計や分配が容易で，かなり安価で，運営者を長期間進行中の責任ある職務から引き離さないため，広く用いられている。しかし，短期現職研修でスキル・ベースの研修が，教育セクターの全体的な運営を改善する際に多くの差異を生み出すのではないかという疑問が大きくなっている。これには2つの理由がある。第1に，正規の研修は十分に実践と統合されていない。研修は短すぎる傾向が

あり,十分に視察を受けた実践とフォロースルーとが欠如している。第2に,研修生たちは,彼ら／彼女らの職場環境で新しいスキルを実践するためのインセンティブをほとんどが見つけることができず,支援もほとんどない。

　研修のインパクトが限られたものになっている1つの理由は,それが分配される方法にある。短期現職研修の一般的な方法は,**段階的伝達モデル** (cascade model) であった。それは研修者を研修することによって,新たな視察スキルと運営スキルがシステムのより低いレベルに次々と効果的に広められ得ると想定している。しかし,一貫したフォローアップと支援がなくては,まず広範囲に普及することはないということを示す十二分な証拠がある。国際連合児童基金 (UNICEF) はこれが広範囲にわたる問題であることを確認している (Gillies, 1993)。

　多くの政府と国際援助機関の誤りは,短期現職研修はコストが低いからより効率的である,と信じてきたことである。もし個々人が彼ら／彼女ら自身のハイアラーキー内での位置を定めているならば,最も重要な研修は彼ら／彼女

ボックスⅠ-4　ベトナムにおける国際援助支出に対する運営の制約

　ベトナムにおいては国際援助支出に対する5つの主要な運営の制約が確認された。それらは以下の通りである。
- サイクルと手続きをプログラミングする援助機関の多様性
- 時代遅れのプロジェクト・デザインを再検討する必要性
- 実行可能性についての研究を完了することの遅滞
- 取り扱いに慎重を要するプロジェクト・デザイン問題の解決
- 新しいプロジェクト実施システムの立ち上げの遅れ
- 補助金付与に関する信用貸し政策の決断の遅れ

出典：1996年にADBで報告された諮問グループの会議報告, 1993

らに仕事をするためのスキルを提供することであるというのが仮説であった。DMCsが意義ある地方分権化を実施する限りにおいて、そのような思考の多くは再検討される必要がある。

中級および、より下級レベルの運営者は、新たな責任を引き受け、意思決定をすることを求められているが、これは、これまでは彼ら／彼女らの職務の範囲内になかったことである。スキル・ベースの研修は、それがまだ必要とされている間は、教育そのものの内容においてより強力な研修で補われる必要がある。スキル・ベースの研修も知識ベースの研修も、研修生の職場環境により十分に統合される必要がある。

■外部資金を供給されたプロジェクトの運営

国際機関は、自分が他人に説いていることを自身では実行していないと責められている。国際機関は、異なる哲学と技術的アプローチが衝突するとき、国際機関自身が強化しようと模索しているまさにその運営能力を不注意にも損なうことに寄与することもあり得る。国際機関は、その援助哲学に基づいて、少なくとも3つのタイプに分類することができる (Wheeler, Calavan, and Taylor, 1997)。

(i) 第1のグループは、長い間国内にあって、地元の非政府組織(NGO)や他の草の根組織ともしっかり結びつき、地元の課題とニーズ(例、子どもを守ること)を理解していると信じている国際援助機関である。この国際援助機関の力と影響力は、それが享受している地元のコネクションや省庁という後ろ盾との関係の深さ、歴史、そして信頼性に基づいている。

(ii) 第2のグループは、使用可能な大量の資金をもっていて、中央省庁を通して機能し、教育変動を左右しコントロールする中央省庁の能力を支援しようとする国際機関である。この国際機関は、どのように資金が使わ

れるべきであるのかをプログラムする上で重要な役割を演じたいと考えている。しかし，草の根的なコンタクトほどネットワークが確立していない(例，米国国際開発庁[U.S.AID], ADB, 世界銀行)。

(iii) 第3のグループは，使用可能なかなりの資金をもつが，それらの資金のプログラミングへの関与をほとんど，あるいは全く望まず，哲学的論争への関与を避けたいと考えている国際機関である。このような国際機関は，しばしば，新しい学校を建設することや，復旧可能な傷んだ学校を修復することといった，インフラストラクチャーの改善を支援することにより興味をもっている(国際協力機構[JICA])。

例えば，カンボジアでは，1990年代半ばに活動していた国際機関は，教育開発を最も加速するものに関して，非常に異なる哲学を基盤にして活動したのである。厳しい状況を考慮して，教科書，試験システム，遠隔教育，これらのツールの用法に関する教員研修を提供するという中央政府に統制された戦略を強調した，短期的で対費用効果が高いアプローチを，ある大きな国際援助グループは支持した。もう1つの大きな国際的グループは，カリキュラム開発者としての教員の能力を形成し，コミュニティの参加を促進し，指導の際に地元の教材を用いることに重点をおき，スクール・クラスターを形成し，これらのことをなしとげるために教員に研修を受けさせることを強調した，より草の根的なアプローチを強く支持した(Wheeler, 1997)。

教員研修は，この対立がいかに実践に影響を及ぼしたかについて示すものの1つである。4つの異なるプログラムが開発されたが，各々は異なる期間で，異なる教材を使って教員に研修を施し，異なる哲学に基づいていた。同時期(1996〜1997年)に，欧州連合(EU=Europian Union)は用意された授業計画と指導教材を重要視し，内容を生徒に伝達する教員の役割を強調する傾向のあった2年の教員研修プログラムを提供した。U.S.AIDに支援されたもう1つのプロジェ

クトは，(学校の休暇期間中など) 2 年にわたって分配された，1 年間の現職研修のプログラムを提供した。それは，地元で利用可能な題材に基づいた指導への援助を発展し，学習活動への生徒の参加をより促進し，教室内のもっと広い範囲の指導戦略を採用するための教員の能力により重点をおいている。ユニセフは，継続的な現職教員研修プログラムを提供した。このプログラムは，U.S.AIDのアプローチに哲学的には似ていたが，独自の教員研修教材を使用し，異なる時間枠にわたる指導を提供している。また，ユニセフは校長研修の提供を拡大していた。最後に，教育省(MoE)は，教員をナショナル・カリキュラムの使用に向けて準備させることを意図した，教員養成大学のネットワークを管理した。

これらの 4 つのアプローチは，3 通りに衝突した。第 1 に，教員の時間と校長の時間との間の深刻な競争があった。4 つのプログラムは，それぞれのプログラムにリクルートしたいと考える個人に関して重複があった。第 2 に，教員が研修を受けたカリキュラム＝指導アプローチがうまく合わなかったとき，対立が展開した。例えば，MoE は，いく人かの教員が研修を受けていたカリキュラムあるいは教材を認めなかった。視学官はクラスター・システムと衝突した。一方，校長たちは MoE や研修プログラムを支援する機関によって異なる方向を与えられていた。第 3 に，MoE は板挟みになった。MoE は，援助機関に敵対したり，国際援助の流れをかき乱したりしたくはなかった。また，MoE は学校をコントロールする力を失いたくなかったし，MoE の同意なく用いられてしまった「不許可の」カリキュラムや教授法と見なしているものを認めたくなかった。このようにアプローチが多様であることは，競争，混乱，そしてリソースの浪費につながる。とりわけ，教育セクターにおける運営能力を強化しようと国際的に努力が払われたが，結局それは逆効果でしかなかった(Wheeler, 1997)。

国際機関の援助は，多くの DMCs の発展において依然として重要な要素である。しかし，この 10 年の経験を見る限り，援助がより効果的な方法で，運営され，調整される必要がある。

第5章　見込みのある方向

　DMCsにおいて運営の強化と効率の改善のために最も見込みのある機会は，それぞれの国における状況やニーズによって異なるだろう。ブレイとリー(Bray and Lee, 1997)が指摘したように，アジアにおける開発途上の国々には，世界最大国(中華人民共和国，インド)，世界最小国(ナウル，トゥヴァル)，最貧国のいくつか(カンボジア，ネパール)，最富裕国のいくつか(シンガポール，香港(China))が含まれている。それらの国々はまた，植民地支配を受けた歴史や現時点での行政スタイル(社会主義，資本主義)に関してもかなり幅がある。しかし，域内のほとんどすべての国々における各地での共通のテーマは，教育に割り振られた役割の重要性についてである。というのも，教育は，現状を維持する，もしくは今後の繁栄を確保する手段として見なされているからである。取り組みの中心になるのは，教育システムを運営し，管理する人々である。

　よい運営だけでは教育を改善することはできないが，よい運営は教育に対して意図された役割がうまく果たされるための必要な前提条件である。教育運営を強化するための5つのチャンスは，上述のような多様性によって特徴づけられた域内のすべてで，最も注目を集めているようである。

第1節　学校レベルの管理者の研修

　地方分権化によって校長研修のために投資される額が増大した。先行分析が示すように，地方分権化による効果の1つは，地方分権化を受け入れる準備が最もできていない人々に大きな運営責任を課したことである。教育システムが地方分権化すると同時にその質が向上するならば，地区の教育官僚と校長の運営スキルがかなり強化される必要があるだろう。その研修は，3つの次元に集約する必要がある。

(i) **地区や学校の運営と関連づけられた技術的なスキル**。地区や学校を運営するためには,管理者は予算管理,支出のモニタリング,計画立案,プログラム実施,評価,そして報告書作成のような範囲のスキルを必要とする。これらのスキルの研修はほとんどすでに提供されているようであるが,その必要性は続いている。

(ii) **教育学的プロセスに関する知識**。地方分権化によって,校長はより中枢的役割を占める傾向にある。その役割とは,授業インプットと教室における教育実践との間でのトレード・オフを形成する(形作る)ことである。先に論じたように,地方分権化された環境において教育の質が改善されるべきであるならば,校長は指導上どのようなインプットとプロセスが生徒の学習活動により貢献し,生徒の学習活動に深刻な影響を与えないで何を縮小することができるかに関しての明確な理解に立脚して運営する必要がある。

(iii) **コミュニティとの関係**。コミュニティとの関係は,地域住民からの追加的な資金を要求すること以上のことを含む。高度に地方分権化された教育システムでの学校管理者に関する研究における発見の1つは,より大きな権力と権威が校長とコミュニティに委譲されると,有力なローカル・エリートが大きな影響力を行使するということである。しばしばそれは,特殊な私益を追求するものでしかない(Spring, 1998)。例えば,あまり豊かではない,またはあまり力をもたない家庭を犠牲にして,ローカル・エリートが自分達の子どもにとって利益になるようなカリキュラム・トラッキング(能力別学級編成)実施へ強くプレッシャーをかけることがある。エリートのビジネス上の利益や産業の利益になるように,カリキュラムの職業教育化へのプレッシャーがかかることもある。しばしば,校長は,エリートのご機嫌をとったり,職務への懸念にかられたりして,

エリートの影響下に置かれるようになる。党派的コミュニティのプレッシャーによる混乱に陥った際に，校長が有意義なリーダーシップをとるためには，校長の相当なスキルと良識が必要とされる。

校長の職務は，本質的にすべての国において同じである。同様に，技術的な知識(予算編成，プロジェクトの実施，評価など)においても，大部分は同じである。探求されるべき1つの可能性は，**これらのレベルの教育運営者の研修は，国際的な基盤で，おそらくは域内的なレベルで計画され，分配できる**，ということである。域内の研修場所(抜擢されたDMCsの大学)と，1校もしくはそれ以上の国際的な大学との間でのトゥイニング・アレンジメントと連携して，この研修は行われるかもしれない。目標は，多くの「校長候補生」のために，よく練られた研修を便利な場所で提供することである。これは，現在のところ利用可能なことをコピーするということではない。実際には現在，この管理職研修はいくつかのDMCsでは行われているが，ほとんどのDMCsで見過ごされている。

域内の管理者研修センターを利用する場合には，さらにアドバンテージがある。コミュニケーションがますます容易になり，域内で連携することが重要になっているので，教育運営者が組織構造を理解すること，また自らの組織構造を超えた作用について理解することは緊急の課題である。教育運営者は，どのように他国のシステムが作用しているかを理解するために個人的な経験が必要である。域内における研修の内容は，このような経験の機会を提供することができる。高級官僚は，すでに域内全体を見渡す視野，国際的な視野をもつ傾向があるのだが，重要なことは，管理系統をもう少し降りた運営者のレベルでもまた，これらのより広い視野を開発する必要があることである。現職者が新しい視野を得ることができないというのであれば，古いやり方が主流だということなのだろう。

第2節　計画立案における情報の活用

　情報収集や情報活用 (EMIS の開発としてたびたび議論される) は，多くの DMCs にとって優先事項であり，域内すべてにおいて国際援助の主眼点である。多くの国はすでに，計画立案やプログラム運営を導くような，教育システムに関するよりよい情報を獲得するという恩恵を受けている。もはや「斬新な」イニシアティブある試みであるとはいえないが，重要なものとして継続している。域内における最近の経済的な諸困難のために，セクター間の資金をめぐる競争が増加している。教育セクターは，その実績や引き続き存在するニーズを示すことができる限りにおいて，資金を得るためにうまく競い合うことができる。情報を効果的に活用することは，自分の主張の正しさを証拠立てて述べるという教育官僚の能力にとって不可欠な要素である。

　アジア全域における教育運営者は，情報の解釈に関する研修，そして計画立案，政策分析，プログラム運営，モニタリング，プログラム評価において定量的データを利用することに関する研修を継続して，拡大していく必要がある。このタイプの優れた研修は，すでに域内において提供されている。しかし教育官僚の人事異動，もう一方では新しい技術 (特に，コンピュータによる計画立案ツール) の急速な導入が，さらなる研修を必要とし続ける結果になっている。このタイプの研修のほとんどは国際的な専門家による支援で，オン・ザ・ジョブ・トレーニングで実施されているが，DMCs は域内における専門的知識と研修に関して国家間の共有をより許容するような他のモデルを模索してもいいだろう。この場合もやはり，教育計画立案者に対する域内研修プログラムへと発展するということもあり得る。域内を基盤として研修を展開することに成功したモデルはすでに存在している。ただし，教育管理に関するものではない。例えば，フィリピンの革新と技術のためのリージョナル・センター (the Regional Center for Innovation and Technology (INNOTECH)) や，タイのアジア技術研究所 (the

Asian Institute of Technology) がある。20 ヵ国から 30 ヵ国の各地で提供することができる研修を開発する方が, これら 20 ヵ国から 30 ヵ国が各々の国で 20 回から 30 回にわたって同一の必要な研修を開発して, 同じプロセス自体を繰り返すよりも, より大きな意味をもつ。

観察されねばならない 2 つの注意点がある。第 1 に, 研修は研修生の実質的なスキルを開発する結果に至るものであるのだから, 魅力があり, かつ効果的でなければならない。その結果, 研修には, 実践する機会がビルト・インされることが求められることになる。監督付で実践に応用する機会がちりばめられた断続的な研修が必要である。第 2 に, 先に論じたように, かつて研修をうけた受講者は研修で受けたことを実施しても報われない (もしくは実施を禁じられるかもしれない) 仕事環境に再び入るので, 研修はしばしば「失敗する」。研修を効果的にするには, 受講者がそれぞれの職場で新しい知識やスキルを実践できるように支援をするために, 研修のデザインは研修そのものだけではなく, 受講者の仕事環境に適応したものである必要がある。

第 3 節　テクノロジーの活用

ますます広範にインターネットや携帯電話が導入されるようになったため, 域内すべてでコミュニケーション革命が起きている。このような進展は, 次の 2 つの道を切り開いている。ほんの数年前に教育者が夢見たことをはるかに超えて, 学校は情報リソースにアクセスすることができる。このことは, 生徒の学習機会の改善に貢献するだろう。しかしながら, 低資格教員を多く抱えている国においては, この機会は無駄になるだろう。十分な資格をもっていない教員は, このタイプのテクノロジーを, たとえ利用可能な状況であったとしても, 活用することはできない。結果として生じる雇用者のニーズと卒業生のスキルとの間のギャップは, 域内における各国間の経済格差を拡大させるだろう。

労働力に競争力をつけるには，学校卒業者がコミュニケーションや情報移動に関する新たな様式のスキルを必要とするだろう（または，少なくとも新たな様式にさらされることを必要とするだろう）。この場合もやはり，域内全体を基盤として企画され，おそらく供給されているようなタイプの**教員**研修である。このような試みは，それぞれのDMCsが異なるカリキュラムや研修施設を開発しようとするよりももっと賢明な試みであるといえる。しかし，もしこのような研修が教員にとって好結果ならば，学校管理者とシステム管理者もまた，授業環境に関するテクノロジーとその需要について理解しておく必要がある。

　DMCsにとってインターネットを介してすでに膨大な量の情報が利用可能であることは，EMISの開発と同等の危険性をもっている。というのは，情報の爆発的な増加は，教育を革命的に変えると期待されるまさにそのリソースを，あまり効果的ではない方法で用いたり，活用しないという事態へと導き，EMISを台無しにする可能性があるからである。管理者と教員が運営を強化し，教育学的実践を豊かにするためにインターネットからの情報をどのように活用するかを示した，入念に構造化されたカリキュラムが，至急必要である。このような情報を途上国の教員や教育運営者に供給できるように，特に企画されたウェブサイトが必要である。同様に，異なる国の学校や同一国で異なる地域における学校間での生徒同士の電子メール（Eメール）の交換は，子ども達にとって教育を興味深いものにするのに大いに役立ち得る。しかし，このようなコネクションやネットワークの設定には，システムの構築や作業が必要になってくる。上で論じたように，このようなウェブサイトは，教育管理者のための域内研修機関と協同で開発することが可能かもしれない。

第4節　包括的な教育分析の実施

　急激に変化する時代においては，教育運営者が個々の注目を集めている諸問題(教科書の分配や教員研修など)に重点的に取り組むことが容易になる。しかし，そうすることによって，教育システムの長期的な健全性にとって重要なより大きなシステムの諸関係を見落としやすくなっている。定期的に，システム管理者は，教育システムの様々な構成要素がどのように協働しているのかを検討するために，日々の課題から一歩離れて考えることが必要である。UNICEFは，これらの研究を**包括的な教育分析**と呼んでいる。U.S.AID は，**セクター・アセスメント**と呼んでいる。プロジェクト評価のミッションの一部として，世界銀行，ADB，その他の国際援助機関によって実施されているさらに集中的な研究と混同されるべきではない。これらの包括的な教育分析はデータに基づいた教育システムの分析であり，典型的には地元と海外の専門家の両方から構成されるチームによって行われ，それぞれの段階において各地元で相当な議論を伴う。

　1980 年代，これらの包括的システム研究は流行したが，各国の結論がとても類似しているという一部の批判から，支持を失いつつあった。これは残念な事態である。域内各地で教育官僚が直面している諸問題の多くは類似**していた**のであって，このタイプの分析によってはじめて確認できる諸問題にこれらの研究は焦点を当てていたからである。多くの DMCs(例えば，インドネシアやネパール)は，これらの包括的な研究を行った経験があり，その後の国家の教育計画立案活動の結果に効果的に活用された。今日，包括的システム研究が大いに注目を浴び復活している理由は，(i) 域内における教育のダイナミクスの多くは変化しつつあり，(ii) 今日，多くの国は，このような研究に基づく多くのよりよいデータをもち，(iii) DMCs 内におけるより多くの教育官僚が，このタイプの研究に参画するための研修を受け，経験をもち合わせているからである。

第5節　国家内開発への参画

　DMCs は，すでに実行している域内の高等教育への民間融資を増加させる努力を継続する必要がある。学生は，より大きな中等後教育のコストの分担に耐えると予想されるし，しばしば実際に耐えるべきである。これは当然のことながら，学生には評判が悪く，抵抗やいくらかの混乱を引き起こすことが予想され得る。

　しかし，たとえこのような事態が起こったとしても，大学は，公的資金の投資を継続させるために，より魅力的な方法により注意を払う必要がある。特に，大学は自国の経済開発や社会開発において，より効果的なパートナーになる必要がある。アジアにかかる経済的プレッシャーが増大しているので，高等教育への将来的なサポートは，新しい方法でのレリバンスを示す高等教育機関に結びつきやすくなるだろう。高等教育機関は，知識を蓄積しており，分野横断的なパースペクティブをもち，課題に対する長期的な持久力をもっている。しかし，今のところ，これらの長所は充分に活用されていない。

　この点に関して，DMCs の高等教育機関は，たいてい国家発展の応用的側面にあまりにも大学が巻き込まれることに関して，かなりの懐疑が常時潜んでいる。高等教育機関が政治的に扱われ，その結果もし政府が変われば，罰が強いられる。しかし，それらのリスクは変化する。現在増大している危険は，自国の国家政府によって大学は不適切であると判断され，公的資金をめぐって競合する際の困難が増すであろうことである。あまりにも多くの場合において，卒業生のスキルは，労働力のニーズにほとんどマッチせず，教授たちはコミュニティのアウトリーチ活動への参加を歯牙にもかけず，組織の地位は，プログラムのレリバンスよりも重要なものと見なされている。

　長期的に高等教育機関を強化するためには，財政的に自己充足的である必要がある。しかし，逆にそれは，強力な国家経済に依存するのである。強力な経済

を育むことを促進することは，長期的に高等教育機関を再活性化するための必要条件を作り出す方法である。さらに，鍵となる開発イッシューに教育者が関与すれば，教員が行う研究と教育の両方のレリバンスが増大する。このことは，さらなる利益をもたらす。というのは，開発の優先順位に注目することは，政治的サポートを確立することができるからである。なぜなら，公的・私的セクターが直面している複雑な国家的イッシューを解決するための最重要のリソースとして高等教育を評価するようになるからである。さらには，これによって，公的資金と民間資金の双方をめぐる競争において，高等教育機関が必要とする政治的支援を得ることができるだろう。

結　論

　ADB の DMCs は，加盟国として多くの誇るべきものがある。教育開発は，急激で広範囲に及んでいる。質とアクセスの両方ともに，大幅に改善されている。しかし，成功は新しいチャレンジすべき課題をもたらす。これから先 10 年間，アジアの開発途上国が直面するチャレンジすべき課題には，以下の諸項目が含まれる。

(i)　**質的改善に新しく重点を置くこと**。特に，中等教育レベルのアクセスを拡大すると同時に，初等教育レベルでの質を維持し，改善することがチャレンジすべき課題となる。

(ii)　**より一層の効率へ向けてのプレッシャーの増加**。これは終わることがない。なにがしかの効率性が達成されても，より大きな効率を求める新たな要求が起こってくるだろう。とはいえ，政府の最も中心的な関心をもつ事項の１つであり，教育指導者はこれを無視できない。

(iii)　**地方分権化に対して引き続きかかるプレッシャー**。中心的なイッシューは，学校レベルの管理者たちの研修へのニーズにいかに注意を引くかである。学校レベルの管理者たちは，責任を引き受ける準備がないのに，ますます責任を割り振られるようになっているのだ。

(iv)　**教育の分配への公的責任と私的責任との新たなバランスの展開**。教育の公的責任と私的責任とのトレード・オフが複雑化しているので，財政的問題は，望まない人々にさえも，学校教育を供給する代替的な諸方法

間の新たなバランスを見つけるように強いるだろう。

(v) **教員組合の組織化**。学校へのより大きなコミュニティ・ファイナンシング，より地方分権化された学校のコントロール，職業生活の質により関心を払うことを求めているよく組織化された教員組合，といった収斂するプレッシャーはかなりの葛藤を引き起こすだろう。

(vi) **効果的な教員のインセンティブに関する研究**。域内における多くの政府にかかっている，財政的プレッシャーが増大しているために，低コストで非貨幣的なインセンティブに高い関心が寄せられている。

(vii) **意思決定における情報システムの効果的な活用**。多くの国々は，計画立案やプログラム運営をガイドするような，教育システムに関するより優れた情報を得ることの恩恵をすでに手に入れている。新しいイニシアティブがもはや存在しなくても，情報システムは重要なものとしてあり続ける。

(viii) **教育システム指導者の性別におけるより一層の男女間の平等性**。

(ix) **リソースの確保と配分**。1990年代後半にアジアにおきた経済危機は，公的資金をめぐるセクター間のより厳しい競争の到来を告げた。コミュニティと産業界からの代替的な財政的支援を開発するために，教育運営者はより大きなプレッシャーを受けることになるだろう。教育運営者は，公の場で彼らの関心事を主張するより高度なスキルが必要だろう。

今までの20年間に様々なチャレンジすべき課題に直面してきたDMCsの成功は大いに希望を与えるものであり，次の10年間に域内の国々が一緒に，そ

して別々に新たなチャレンジすべき課題に直面する際にも同様の希望がもてるであろう。

第Ⅱ部　教育の質：次元と戦略

ドン．アダムス
デビッド　W．チャップマン

イントロダクション

　実質的にアジアのすべての国々が最も優先順位の高い国策の1つとして教育の質を改善することをあげている。学校へのアクセスに対する需要の増大に反応し，より効果的な国家の計画立案と政策メカニズムを開発し，教員・管理者に対するより大規模な研修プログラムを実行することに関しては進歩が見られるにもかかわらず，国家の経済的・社会的アスピレーションを支援する教育システムの能力に対しては不満が存在し続けている。ある程度は，質の高い学校教育を求める計画と政策は，当初から注目していた教育拡大と学校アクセスのような優先事項に追加され，あるいは置き換わりさえする。政策決定者と関連する国際機関は，教育の質を改善する政策，プログラム，行動を設計し，実行することに直ちに注目し，重点を置くべきであるというコンセンサスが形成されているように見える。この成長するコンセンサスを実行可能な政策に翻訳することが，チャレンジすべき主たる課題である。

　本書(訳注：第Ⅱ部)は，教育の質に関してADBのDMCsの間で表明されている関心を検討し，適切な先行研究をレビューし，教授＝学習活動に直接に焦点を当て，質的改善にコミットしている諸国がこれからの10年間に学校の質を向上するべく用いるだろう戦略について示唆する。その用法から推測されるように，教育の質の最も一般的な意味は，ナショナル・カリキュラムの選りすぐられた部分における生徒の学習達成のレベルに関連しているといえる。この基盤に立って，生徒集団は，国家間で，域内で，国内で，ある地域の学校間で比較されている。

　本書(訳注：第Ⅱ部)はDMCs内の広範な諸関心と諸問題の概略を述べることから始まる。第1章では教育の質の意味についてコメントし，人口統計学的，経済的文脈の影響について言及している。次に教授＝学習活動の諸側面に

向き直り，効果的な学校教育に，教員に，カリキュラムに，ガバナンス・マネージメント・学校組織に関する研究文献に言及している。第3章では，質的改善のための政策と戦略を表明している。そこでは，システムの変化とサブセクターの領域の双方に焦点を当てている。最後に，要約をもって結論を述べ，将来の展望についてコメントしている。

第1章　研究関心と問題の所在

第1節　教育の質とは何を意味するのか？

　教育の質についての正確な意味と，質を改善する道筋とについては，しばしば説明されないままになっている。この文脈内で検討するならば，教育の質はインプット(教員数，教員養成の総量，教科書の数)，プロセス(直接の授業時間数，学習範囲)，アウトプット(テストの点数，卒業率)，そしてアウトカム(その後の労働におけるパフォーマンス)に明らかに関連している。加えて，質の高い教育は，単純に明確化された目的や目標の達成を暗示しているのかもしれない。さらに広義の見方もある。これによれば，質の解釈は，機関やプログラムの評判に基づくものであり，生徒の知識，態度，価値観，ビヘイビアに見られる変化に，あるいは学習の獲得と応用についての完全な理論やイデオロギーに，学校教育が影響を及ぼしている程度に基づくものである，というものである(Adams, 1998)。

　教育システムが成長し，教育の意思決定に巻き込まれる利害関係者とクライアントの数が変化するにつれて，教育の質の意味に関する誤解や不一致，葛藤が起こる可能性は増加する。質の構成要素，質の測定法，質的改善を始めて維持する方法に関して，保護者，教員，管理者，生徒間の完全な同意を得ることはむずかしい。にもかかわらず，本書(訳注：第Ⅱ部)が示すように，多くの次元を確認し示すことができるのである。

第2節　DMCsにおける教育達成，関心と問題点

　教育の質をめぐる関心が増大しているのは，以下の多岐にわたる要因に起因する。すなわち(i)急速に拡大する教育システムに対し，適切にスタッフを配備し財政を出動することが不可能であること，(ii)基礎的スキルの習得水準が低いという調査に基づく根拠，(iii)より高次の言語や数学への要求，急激な工業化

に伴いますます高度なコンピュータ・スキルに対する新たな要求, (iv) 教育予算に負の効果を及ぼす財政危機があること―場合によっては, 内部効率性を低下させ, 質的改善を求めるプランを無視することになる。

DMCs 全体で教育の質について一般化することは困難である。テスト得点の国際比較によっても測定されるように, アジアのより経済的に進んだ諸国では, 生徒の主要教科の学業達成が世界的に見ても高い。しかし, 経済的により貧しい国においては, 初等教育段階で何年も学習した後でさえ, 多くの生徒はリテラシーや基礎的な計算能力を獲得していないのである。さらに, ひとつの国内においてですら地域間で教授＝学習活動の質の違いが大きく, それは, 時として国家間の差異を超えるものである。

表Ⅱ－1 は第 3 回国際数学・理科調査 (TIMSS) における, 第 4 学年生の数学の学力についての国際比較データである。これによれば香港 (China), 大韓民国, シンガポールが数学の成績において非常に高くランクされているが, これはアジア経済が高いパフォーマンスを示していることが, 教育の進歩にも反映されていると考えられる。これらの諸国＝経済圏は, 科学の成績においても数学と同様に高位にランクされている (Beaton et al., 1996)。タイの第 7 学年, 第 8 学年における数学の得点は国際平均よりも高いが, 第 3 学年, 第 4 学年ではいくぶん国際平均得点を下回っている。

これら 2～3 のアジアのリーダー諸国とは対照的に, 質の低い教育が改善されないままであることがかなりはっきりと証明されているような多くの DMCs が存在する。例えば南アジアや東南アジアの諸国では, 政策決定者たちは, 教育システムによって, 国際的に競争するのに十分なリテラシーとスキルをもった労働力を育成することはできないと指摘している。初等教育において何年か教育を受けた子どもですら, 基礎的なリテラシーや計算能力を獲得していないのである。さらに, 教員も, 不完全にしか中等教育を受けていない者がしばしば見られ, そのような教員はカリキュラムのもつ概念やその取り扱いを理解するのに困難を覚えている。ボックスⅡ－1 は, 3 つの DMCs における教育

表Ⅱ－1　諸国間の数学における生徒の成績の比較, 1994-1995年

第3学年		第4学年		第5学年		第8学年	
国	平均得点	国	平均得点	国	平均得点	国	平均得点
大韓民国	422	シンガポール	484	シンガポール	601	シンガポール	643
シンガポール	414	大韓民国	471	大韓民国	577	大韓民国	607
日本	400	日本	457	日本	571	日本	605
香港(China)	387	香港(China)	447	香港(China)	564	香港(China)	588
チェコ	361	オランダ	438	チェコ	523	チェコ	564
オランダ	357	チェコ	428	オランダ	516	スロベニア	541
オーストリア	351	オーストリア	421	オーストリア	509	オランダ	541
スロベニア	351	スロベニア	414	ハンガリー	502	オーストリア	539
オーストラリア	347	アイルランド	412	アイルランド	500	ハンガリー	537
アメリカ合衆国	344	ハンガリー	410	オーストラリア	498	オーストラリア	530
ハンガリー	340	オーストラリア	408	スロベニア	498	アイルランド	527
アイルランド	340	アメリカ合衆国	407	タイ	495	カナダ	527
カナダ	334	カナダ	395	カナダ	494	タイ	522
ラトビア	328	イスラエル	394	イングランド	476	イスラエル	522
スコットランド	323	ラトビア	388	アメリカ合衆国	476	ニュージーランド	508
イングランド	321	スコットランド	383	ニュージーランド	472	イングランド	506
タイ	309	イングランド	376	スコットランド	463	ノルウェー	503
ニュージーランド	305	キプロス	366	ラトビア	462	アメリカ合衆国	500
キプロス	296	ノルウェー	365	ノルウェー	461	スコットランド	498
ギリシャ	294	ニュージーランド	362	アイスランド	459	ラトビア	493
ポルトガル	291	ギリシャ	356	キプロス	446	アイスランド	487
ノルウェー	287	タイ	354	ギリシャ	440	ギリシャ	484
アイスランド	276	ポルトガル	340	ポルトガル	423	キプロス	474
イラン	245	アイスランド	338	イラン	401	ポルトガル	454
イスラエル	―	イラン	294	イスラエル	―	イラン	428
クウェート	―	クウェート	267	クウェート	―	クウェート	392
国際平均	334	国際平均	391	国際平均	493	国際平均	520

出典：IEA　第3回国際数学・理科調査(TIMSS), 1994-95

の質に対する関心を要約したものである。

さらに，質の高い教育を達成する試みを挫折させる問題と制約の例を，国別セクター研究(Country Sector Study = CSS)に見いだすことができる(本書で言及しているCSSのリストについては巻末の付録2を参照のこと)。

インドネシア
- 十分な資格をもたない教員が一部に存在すること
- 教える教科に関する教員の習熟度が低いこと
- 教員の社会的地位が低いこと

キルギス共和国
- 生徒の負担を減らすために教育の内容を変更する(削減する)必要があること
- 図書施設や書籍が不足していること
- 新技術を備えた設備が不足していること
- 生徒の知識に対するテストが不適切であること

パキスタン
- 運動施設が貧弱であること
- 教材の分配が不適切であること
- 授業料が高額であること
- 書類上にしか存在しない「幽霊」学校が存在すること
- 研修を受けた教員が不足していること
- 生徒／教員の比率が高いこと

フィリピン
- 現職教員研修が不適切であること

- 教員給与が低いこと
- 教員の配置が不適切であること(自分の専門分野を教えていない教員がいること)

パプア・ニューギニア
- 教員が不適切な研修しか受けていないこと
- 教科書が量的に不足しかつ質的に不適切であること
- 改善をもたらすような革新的な試みが失敗していること

中華人民共和国
- これまで過度に試験を重視してきたこと
- 教員の教育スケジュールが過密であること
- 教員給与が低いこと
- 教材の供給が不適切であること

　基礎的なリテラシーや必要なスキルを習得させることに関する学校教育の限界についての経験的な証拠が、いくつかのDMCsで見られる。パキスタンにおける11〜12歳の児童の全国標本調査(Pervez, 1993)による研究では、数多くの基礎的能力、つまり、生活スキルに関する知識、暗唱力、読解力、ディクテーション能力、手紙作成能力、計算力、暗算力、コーランの読解力といった基礎的能力に関する児童の習得度を評価している。結果を見ると、地域によって、また、それぞれのタスク間で大きな差異がある(表Ⅱ-2)。一般的には、教授活動の質というイッシューについての関心には深刻な根拠があるのであって、とりわけ学校で学習したことを実生活と密接な関連をもつタスクに応用することを求めるタスクについてはそうである。
　すべてのDMCsでは、なかにはかなり高い教育水準を誇っている国でさえも、自国の教育システムには満足していないという報告がなされている。しばしば

ボックスⅡ-1　教育の質が低い状態

ケース1：ラオス

　重要な課題は教育の質を改善することである。基礎教育における教育インプットと教育プロセスの質の低さは，不適切なカリキュラムと教授方法によって立証される。教科書は多くの学校でほとんどない，またはまったくない。指導教材を手に入れるには，親が費用を支払わねばならないので，それを手にする児童は減少してきている。財政的な問題に加えて，指導教材の不足は，学校への信頼できる配送／分配システムがないことにも起因している。教員資格が低い水準にとどまっていることや，教員がアップグレードを図り，それを専門的にサポートをする仕組みが欠乏していることは，すべての教育レベルで見られることである。教室における教員の影響力は低く，84％の教員は公的な教員養成を受けていない。もっと基本的なことには，授業時間（1週間に10時間と推定される）が，国際基準時間数の半分以下に過ぎない。学校施設の大部分は，教授＝学習活動に必要な最低限の物理的コンディションにすらない。校舎はメンテナンスの不足により老朽化してきている (ADB, 1993)。

ケース2：ベトナム

　学校には必要なものが十分に備えられていない。生徒たちは教科書をもっておらず，カリキュラム自体も現代的ニーズからみて大いに不適切である。評価システムもまた貧弱である。教員は十分に研修を受けておらず，新たな，より効果的な教授方法に疎い。これらすべての要因が教育の質の低下に影響している。質の低下に寄与する他の諸要因は，ベトナムが経験しているかなりの経済変動に左右されるところが大きく，それが教育システムへの参入，あるいは残留への需要に明確に影響しているのである (ベトナム CSS, 1997)。

ケース3：ネパール

　研修を受けた教員が不足していることは，ネパールの学校教育にとって喫緊の課題の一つである。他方，研修を受けた教員もさらにフォローアップの専門的能力の開発プログラムによって研修を受ける機会の不足に直面している。

　教室での教授実践は依然として非常に貧弱で，学校はいまだ適切に運営されるべく改革されなければならない余地を残している。教員のモラールは低く，いまだに高められる必要があるような状況である。教員研修は，適切な数の研修を受けた教員を都合良く効果的に生み出すように配分の様式を拡大し変更する必要がある。教員は児童の情動的，心理学的側面に対して児童の教育ニーズ同様に，敏感になるように訓練される必要がある。さらに，カリキュラムも社会のニーズに対してレリバントで効果的なものに改革する必要がある。そうすることによって人々にとって教育の機会費用は一般的にはイッシューではなくなる。

　教育システムの急速な拡大にかかるコストに対する不満，学校と職業世界との間の不一致が明確に拡大していくことへの幻滅，基礎教育が低いレベルにとどまっていることに対する一般的な関心は，新しくより効果的，効率的な教育モデルを探求するはずみを与えている。教育の質——典型的には生徒の学業達成によって定義されるのだが——への関心が増大しているが，これは，大量の経験的調査結果から漂ってくる楽観主義の波紋によってさらに刺激されている。この大量の経験的調査なるものは，開発途上国においては，ある操作可能な学校インプットが，生徒のパフォーマンスに大いに影響することがあり得ると示唆するものであるし，先進諸国においては，質の高い学校の特性は，世間によく知られているだけでなく，ある程度まである文化圏を通じて共通のものであると結論づけているようである (ネパール CSS, 1997)。

それらにおいて言及され,示唆されていることは,教員教育・研修,教員のモチベーションの欠如,カリキュラム改訂の必要性,施設の不備,不十分な教科書といったインプットについてである。教育の質を改善するために提唱された戦略には,テクノロジーのより一層の使用,教員の生産性をあげるためのインセンティブ,国家レベルの規準の確立ないしは明確化,教員の現職研修の増加といったインプットの改善が含まれている。しかし,これらの諸戦略によって対費用効果が高くなり得ることを示す強力な証拠はまだない。さらに,様々なオプションを比較考量することを求める意思決定者がどのような選択をするかによって生じうるトレード・オフに関してもほとんど考慮されていない。しかし,これらの勧告は,学習活動に対する学校の寄与を増加させるために,政策決定者にとって,どのような重要かつ適切な戦略が利用可能なのかについて,一般に流布している仮説を反映したものである。

　CSSやほとんどの国際機関の文献は,質についてはっきりとはしていないが共通の意味を想定する傾向にある。質は生徒の学業達成を測定するものとCSSやほとんどの国際機関の文献では,たいていの場合考えられているのである。さらに,教員が生徒の心理学的ニーズや社会において求められる多様な社会的スキルと社会的コミットメントについてより意識的であるべきだという要求に関するコメントもある。しかし,たいていの場合,質の問題の検討は,不足という点からなされてきた(Agarwal and Harding, 1997a)。質を改善するための勧告は,これまで以上の資金や物資を提供し,さらに訓練をうけることによって不足分を減らすという観点から表明されてきた。さらに,教員が自らの教育実践を振り返るようになり,教室内での評価技術をより一層用いるようになり,学校組織内でより革新的で先端的な実験を行うようになり,教員をより効果的に配置するようになり,実際の教室の授業の状況を想定した現職教員研修を展開するようになり,教員と管理職によりパフォーマンスに基づいたインセンティブをあたえるようになることによって,質は改善され得るとCSSは提案している。

表Ⅱ-2　パキスタンの基礎的能力をもつ1-5学年児童の割合(%)

能力	学年					十分に能力のある児童の割合
	1	2	3	4	5	
生活スキルに関する知識	8.1	7.0	17.4	27.0	29.4	26.1
暗唱力	32.4	36.6	68.7	84.7	90.9	63.7
読解力	2.7	7.0	15.9	22.9	33.5	26.8
ディクテーション能力	0.0	23.9	59.0	81.8	88.5	61.7
手紙作成能力	0.0	0.0	2.1	6.7	17.4	18.1
計算力	18.9	32.4	66.7	86.9	91.9	69.6
暗算力	8.1	16.9	17.9	40.8	52.7	67.7
コーランの読解力	6.7	8.8	7.7	40.0	67.9	44.2

出典：Pervez, 1993

第3節　人口統計学的，経済的文脈の影響

　教育システムを拡大し改善する国家の能力は，人口統計学的，経済的文脈に大いに影響を受ける。アジアで起こっている人口統計学的変動は，基本的には多産多死から少産少死への移行である。出生率・死亡率の低下は，人口統計学的な移行に早く入った東アジア (香港 (China), 大韓民国, マレーシア, シンガポール, 台湾 (China)) で早期に起こり，その後，南アジアで起こるというように不均衡に展開した。人口統計学的構造のバリエーションは，経済と教育の成長率を説明するのに役立つ。この両者は，教育の質に影響を及ぼし，南アジアに対するアドバンテージを東アジアに与えている。東アジアにとって，この変化が意味するところは，労働年齢の市民が増加すること，税収・貯蓄が増加すること，自国の経済発展に寄与すること (ADB, 1997, p.21) であるが，学齢期の児童が減少することをも意味するのであり，それはおそらく将来的には税収・貯蓄の低下

を招くであろう。この人口統計学的なシフトは，2つの結果を招いた。第1には，教育への公的コストと私的コストの双方により多くの財政支援が可能になったということである。第2には，教育すべき児童が少なくなったことである。この「ひと休み」によって，諸国は，まだ就学していなかった人々に教育へのアクセスを拡大する機会を与え，結果的には質的改善のためにより多くの資金を差し向ける機会を作り出した。その結果，東アジアの多くの国々では，1975年以来，初等教育のユニバーサル化がほぼ達成された。そして，域内の諸国では，その前の10年に比べて学齢コーホートの規模が減少したことにより，1970年代の中盤以降，中等教育就学者が3～4％，支出が10～13％増大した(ADB, 1997, p.161)。

　このような望ましい人口統計学的動向と産業化の進展は，域内の諸国の多くが享受する経済発展を推進するうえで重要な要素であり，さらに急速に健康と栄養を改善し，貧困を削減し，教育機会を広範に拡大する方向へと導く。しかし，すべての国がこの成長を享受したわけではなく，域内でも1国内でもいちじるしい不均衡がある。1985年から1995年の間，南アジアの国民1人あたり国内総生産(GDP)の伸びは東アジアのおよそ半分であった。経済成長が必ずしも貧困を減少させるものではないし，教育から得られる収益が男女間で均等に分配されるものでもない。

　レヴィン(Lewin, 1996, p.50)は，学校の量と質は，とりわけ学齢コーホートの規模に鋭く反応することを，以下のように指摘している。

　同じような資金分配の状況においても，依存率の低い豊かな**DMCs**では，より多くの児童1人当たり教育費を投資することができてきた。逆に，依存率の高い貧しい諸国では，どの児童を就学させるかを選ぶことを余儀なくされ，女子児童の就学率が抑制されることになりがちである。さらに，この結果，間接的に，労働市場における女子児童の職業機会が減少してしまうのである。

さらに，高度な成長を遂げた諸国の反映のレベルは，継続的なものではない。表Ⅱ－3が示すように，アジアにおいて経済的に先進的な諸国のいくつかは，1997年にGDPの急速な低下を経験している(Samuelson, 1998)。この域内を席巻する財政問題は，新たなトレンドの予兆かもしれないし，少なくとも予測をするうえにおいて，新たなレベルでの注意が必要なことを予告するものである。過去の教育成長に投入されてきた資金は，将来には手元にはないかもしれない。

　多くのDMCsにおいては，教育のある種のインプット要因に関して，国内の差違が，とりわけ都市部と農村部の差異がかなり大きくなることがある。たとえば，ベトナムのCSS(1997, pp.16-17)では，以下のように述べられている。

　国の南北間に不均衡が存在している。初等教育の内部効率性は(インプット－アウトプット比によって測定される)，1987年と1989年の間で，北部では64.5％であり，南部では49.8％であった(ちなみに中等教育に関しては，北部では55.9％，南部では29.8％でった。さらに後期中等教育に関しては，それぞれ北部では58.5％，南部では32.1％であった)。ハイランド地域においては，内部効率性は最も低く，就学率も最も低い。ちなみに，マイノリティ・グループはこれらハイランド地域に居住している。

同様にパキスタンのCSS(1997, p.29)でも，国内の不均衡が説明されている。

　教育の施設と教育の質に関してなされてきたさまざまな研究によれば，パキスタンの学校システム〔内部の〕質的ギャップは大きくなってきているということである。約2万5千の小学校には校舎がなく，さらに多くの学校には壁がない。農村部では，ほとんどの学校には1つしか教室がなく，水道も手洗所もない。書籍は高額でありタイムリーに配分されるのではない。これが意味しているのは，最も貧しい世帯の40％が，小学校や前期中等学校において，教科書を手に入れることがほとんど，あるいは全くできないということである。

このような状況は，イスラマバードやカラチ，ラホーレのより裕福な学校と鋭い対比をなすものである。
　一般的に，教育拡大の傾向と，いくつかの指標によって確認される，高い教育の質は，高いレベルのリテラシーや学業達成と結びついた，高いレベルの経済成長のパターンに続くものである。経済変動は，教育にたちまち影響する。1990年代初頭における不況は，例えば，ソビエト連邦をかつて構成していた諸国(カザフスタン，キルギス共和国，ウズベキスタン)に打撃を与えた。これらの諸国は，高いリテラシーと就学率を長期にわたって維持してきた。しかしながら，ある1つの経済水準においても，教育発展の水準には大きなバリエーションがある。自国の経済発展の段階からかけ離れて，より積極的に教育を展開している国としては，モンゴル，フィリピン，スリランカがある。

表Ⅱ-3　国別GDP成長率の変動(%)

国	1996年	1997年	1998年
インドネシア	8.0	4.6	-12.5
マレーシア	8.6	7.8	-2.0
大韓民国	7.3	5.5	-5.0
タイ	5.5	-0.4	-7.0

出典：Samuelson, 1998

第2章　教授＝学習活動：教室と学校

　教育の質的改善，そしてある程度の教育の効率と公平性は，教授活動と学習活動の結びつき (nexus) によって決まる。正規の教授＝学習活動の場である学校教育は，多様な源泉をもつリソースと理念から影響を受けている可能性がある。しかし，それは，ある程度，独立したシステムであり，異なる学校 (もしくは異なる教室でさえ) は，所与の一連のインプットに対して，異なる反応を示すかもしれない。この状況がもつインプリケーションは，教員と生徒の相互作用の特徴，意義，効果は，国策による影響を受けるだろうが，教育省中枢から指示されることはあり得ない，ということである。

　図II－1は，生徒のパフォーマンスに影響するいくつかの変数を確認し，諸関係のいくつかについて概略を描いたものである。教員の質，教員を高揚させるように計画された諸政策，学校教育の文脈，教授＝学習活動のダイナミクス，といった諸概念間の相関関係は，非常に複雑である。この結びつきと関係の複雑さのため，教員の質を改善することを意図した政策は調査するのが難しい。しかし，教授＝学習活動の経験に関する広範囲にわたる調査から，政策的インプリケーションをもつ2つの大まかな一般化ができる。すなわち，次の2つである。(i) 教員の質 (共通のインジケーターでとらえることは難しいけれども) は，生徒の学業達成に大きく影響を及ぼすこと，そして，(ii) 国策のイニシアティブは，学校の文脈に浸透する際，しばしば大きな困難に直面すること。教育者，研究者，そして政策決定者は，効果的な運営に支えられた教員が教育の質と変化への鍵であると，ますます信じるようになっている。

　学習機会を提供する学校は，規則正しく運営されなければならない。教員はそこに存在し，生徒が学習することに気を配り，カリキュラムを教えるだけの能力もなければならない。このような条件が満たされた状況は，アジア全域で見うけられる。しかし，とはいっても特に貧困な地域と地方では，このような条件は，しばしば満たされていない。本章では，簡潔に，効果的な学校教育，そして教員と教授活動とカリキュラムをとりまく質のイッシュー，および教育ガバ

ナンスと運営に関する，アジアの調査と国際的調査の根拠を検証する。

第1節　効果的な学校教育のための調査の根拠

　世界銀行やADBが出版した政策文書の多くは，労働生産性を向上させることに直結するような，もしくはさらなる公教育の獲得へと向かわせるような，学業達成と知識スキルを決定するインプットを特定化しようと努めている。表Ⅱ－4と表Ⅱ－5は，一般的に標準学力テストの点数で計られる，学校のアウトプットの決定要因に関連する調査を2つにまとめたものである。表Ⅱ－4は，生産関数もしくはインプット・アウトプット・モデルを用いた，アジアにおける数多くの学校の効果に関する研究の発見を要約したものである。利用可能な研究はほとんどなく，すべてのDMCsへの一般化はできない。しかし，この発見の中での矛盾は顕著である。

　表Ⅱ－5は，効果的な学校の研究として知られる一連の文献の要約である。この調査は，検討された変数の面に関しては，表Ⅱ－4に示した研究とオーバーラップするが，学校プロセスの変数により注意が向けられている。

　表Ⅱ－4でレビューされた研究は，生徒の学業達成に対する，共通のインプットにおける，学校でのプロセスに伴う，変動(variations)の効果を測定するよう努めている。外生変数——例えば，家庭の社会経済的地位やジェンダー——の効果についても報告がある。経費，クラスサイズ，教材，教員の受けた学校教育の年数といった，諸変数の効果に関する矛盾する発見は，調査によって提示された全体像が透明性を欠くことを示している。

　これら一連の研究は，同種の国際的調査について，より包括的な研究に見られる合意の欠如を，ある程度は反映している。より広範囲で関連する調査を調べてみると，生徒の学業達成と関連する最も共通する変数は，教科書の活用，教授時間，教員の受けた教育レベルである。ある調査によれば，開発途上国の学校

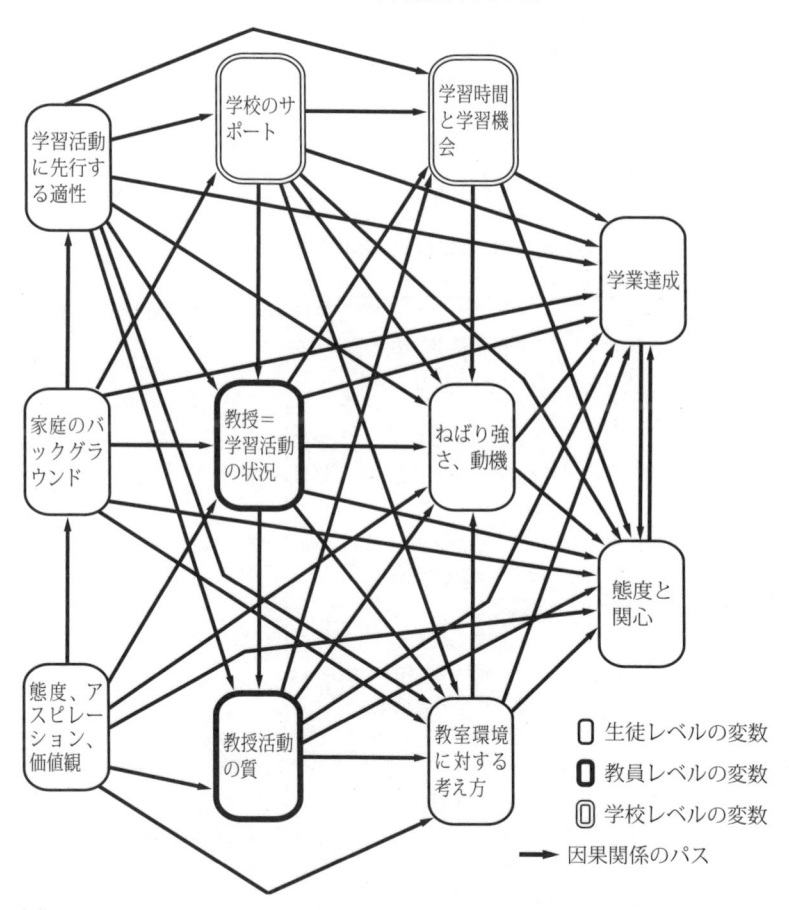

図Ⅱ－1　生徒のパフォーマンスを単純化したモデル

出典：Keeves and Adams, 1994, p.955

内変数は(家庭や世帯に関する変数と対照的に)，先進国よりも，学校のアウトプットに，より大きなインパクトをもつということである。明らかなことには，表Ⅱ－4で要約した一連の研究は，より高い生徒の学業達成を保証することに活用できる，操作可能なインプットとプロセスのパッケージを，政策決定者に提示するところまではいっていない。さらに，後述するように，これらの研究が

表Ⅱ-4　アジア諸国における，学校の効果に関する研究の抜粋

研究	国	明らかになったこと	出典
生徒一人当たりに対する学校の支出	インドネシア(中等)	学校の支出は，成績向上とは関係ない	Harijati, 1998
	タイ	教科書への支出は，国全体の学業成績を向上させる	Heyneman and Jamison, 1984
	マレーシア(中等)	学校の支出が多くなっても，学業達成の向上とは関係がない	Beebout, 1972
クラスサイズ	タイ	小さなクラスサイズが，生徒の読解と科学の学業達成を改善することに対する否定的な結果	Heyneman and Loxley, 1983
	インド	小さなクラスサイズが，学業達成を改善するという証拠はない	Heyneman and Loxley, 1983
	インドネシア(中等)	小さなクラスサイズが，生徒の学業達成を改善するという証拠はない	Sembiring and Livingstone, 1981
	マレーシア(中等)	一人の教員に対して生徒数が少ないほうが，相互作用の質を改善し，学業達成を向上させる	Beebout, 1972
スクールサイズ	タイ	スクールサイズは，生徒の学業達成に影響する	Comber and Keeves, 1973
	インドネシア(初等)	スクールサイズが大きいことは，生徒の学業達成に正の影響を与える	Muhammad, 1998
学校の図書室	タイ，インド	図書室の存在とその積極的な活用は，学業達成を向上させる	Thorndike, 1973
	インドネシア(中等)	図書室の活用は，生徒の学業達成を改善しない	Beebout, 1972; Harijati, 1998; Sembiring et al.,1981
教室の移動回数	マレーシア(中等)	1日に1度以上の教室移動は，リソースの有効性を損ない，学業達成を下げる	Beebout, 1972

研究	国	明らかになったこと	出典
教材	インド	教材をより多く利用できることは,生徒の読解と科学の学業達成を上げる	Comber and Keeves, 1973
	フィリピン	教材は,生徒の科学の学業達成に,確かにインパクトを与える	Heyneman et al., 1983
	インドネシア(中等)	教材が,生徒の学業達成を上げるという証拠はない	Sembiring and Livingstone, 1981
		教材は,語学の学業達成を改善しない	Harijati, 1998
実験室	インド(初等),タイ,イラン	実験室の存在と,実験室での教授時間は,科学の学業達成を上げる	Heyneman and Loxley, 1983
新規養成研修	インド	教員が受けた学校教育の年数は,生徒の学業達成を上げる	Comber and Keeves, 1973; Heyneman and Loxley, 1983
	インドネシア(中等)	教員が受けた学校教育の年数は,生徒の学業達成には影響しない	Sembiring et al., 1981
現職教員研修	インドネシア	教員のスキルを高めることは,生徒の学業達成を上げることにつながる	Sembiring and Livingstone, 1981
教員経験の長さ	インド,イラン,マレーシア,インドネシア(中等)	教員経験の長い教員は,生徒の学業達成を改善する	Beebout, 1972; Harijati, 1998; Heyneman and Loxley, 1983
	インドネシア	教員の経験の長短が生徒の学業達成と関係するという証拠はない	Sembiring et al., 1981
授業時間の長さ	インド,タイ	より多くの授業時間もしくは授業日数は,生徒の学業達成を上げる	Heyneman and Loxley, 1983
	インドネシア	より多くの授業時間は生徒の学業達成を上げる	Harijati, 1998
宿題	インド,タイ	宿題が生徒の学業達成を上げるという証拠はない	Comber and Keeves, 1973

研究	国	明らかになったこと	出典
教員の高い期待	香港 (China)	生徒に高い学業成績を期待する教員は, 生徒のパフォーマンスを上げる	Rowe et al., 1966
教員が授業準備に費やす時間	インド, イラン	授業準備に費やす時間が多ければ, 生徒の学業達成が上がる	Heyneman and Loxley, 1983
	タイ	授業の準備が, 生徒のよりよい学業達成につながるという証拠はない	Heyneman and Loxley, 1983
積極的な教授＝学習活動	インドネシア(初等)	積極的な学習活動に参加する生徒は, そうでない生徒よりも学業達成がよい	Tangyong, 1989
校長の給与	インドネシア(中等)	高い給与は, より有能な校長を引きつけ, 教授プログラムを改善し, 生徒の学業達成も向上する	Sembiring and Livingstone, 1981
職業カリキュラム	フィリピン, タイ, インドネシア	職業カリキュラムは, 効果的な労働力の生産と所得の上昇に対して, 負の相関をもつ	Clark, 1983;Psacharopoulos, 1973
工場内職業訓練	大韓民国	工場内職業訓練は, 対費用効果が高い	Lee, 1985
就学前教育	タイ (初等)	就学前教育を受けた小学3年生の子どもは, 受けなかった子どもに比べて, 算数とタイ語において, よいパフォーマンスを示す	Raudenbush, 1991
親の社会経済的地位 (SES)	ネパール	親の社会経済的地位は, 子どもの学校へのアクセスをかなり左右する	Shresta et al., 1986
	インドネシア(中等)	親の教育は, 生徒の学業達成とは関係がない	Muhammad, 1997
ジェンダーの差異	マレーシア, インドネシア	男女ともに, 数学に対して望ましい態度を示し, 対等な問題解決スキルを身に着けている	Swetz et al., 1991

出典：ムハンマド (Muhammad) によって整理されたもの, 1998

表Ⅱ-5　効果的な学校教育の諸次元

次　元	中核をなす要素	促進する要素
リーダシップの次元	・ポジティブな風土と全体の雰囲気 ・学校と教室の現場における運営と意思決定 ・明白で，達成可能で，レリバントな目的に向けた，目標に焦点を絞り込んだ活動 ・うまく計画され，調整されたカリキュラム ・学校全体にわたるスタッフ・ディベロップメント ・学校についての価値観の一貫性	・価値観と目標に関する，コンセンサスを共有すること ・長期的な計画立案と調整 ・鍵となるスタッフの，安定性と継続性 ・学校改善への地区レベルでのサポート
効果の次元	・優秀であることに対する，絶えざるプレッシャーを伴う，高くポジティブな学業達成への期待 ・成績がよいことおよび成長に対する，目に見える報酬 ・教室における，協同活動とグループの相互作用 ・学校改善に向けて，全スタッフが参加すること ・適応性ある実践を遂行する，自律性と柔軟性 ・学習課題の難度が適切なレベルであること ・教員の生徒に対する共感，ラポール，個人的な相互関係	・宿題と勉強を重要視すること ・ポジティブな説明責任；学習結果に対する責任を受け入れること ・生徒が進級できなくなることを避ける戦略 ・厳密なアビリティ・グルーピングをあまり重視しないこと；より熟達した同僚との相互作用 ・学校コミュニティの感覚 ・親の参加とサポート
効率の次元	・教授時間の効果的な使用：学校での学習活動に従事する量と密度 ・規律正しく秩序ある学校と教室環境	・ポジティブな教員モデル ・個別化された作業の機会 ・学習機会の数と多様性 ・学習面での成功を，学校をあげて認識すること

次　元	中核をなす要素	促進する要素
効率の次元	・継続的な診断，評価，フィードバック ・知的でチャレンジングな教授活動 ・よく構成された教室活動 ・内容をよくカバーして進められる教授活動 ・基礎的スキルとより高度なランクのスキルを，学校をあげて重視すること ・子どもが，学校の規範を受け入れること	

依拠しているインプット・アウトプット(生産関数)・モデルは，教授＝学習プロセスの，ダイナミックで状況依存的な性質を，あまりにも簡略化しすぎている。

　国レベルの調査や，国際比較調査の第2の構成要素は，数多くの関心によって刺激を受けた。その関心には生徒の学業成績に関する学校間格差についての説明に対するニーズが含まれている。表Ⅱ－5で示された，効果的な学校の次元や要素は，表Ⅱ－4で要約した研究に反映されている変数の多くよりも，幾分「よりソフト」で，より質的なものになる傾向が見られる。これらの次元は，学校内での観察，また学校間もしくは学校グループ間の比較を通じて，しばしば，直接検証された。表Ⅱ－5は，第2の一連のレリバントな調査，例えば，効果的な学校の調査を要約している。特にこれらの調査で発見される，多くの組織変数とプロセス変数を示している。しかし，表Ⅱ－5は，このように広い調査から展開することができた多くの要約の1つに過ぎない。

　一般的で，時として漠然とした次元や要素のうち，いくつかの特質(例えば，ポジティブな学校風土，教授時間の効果的な活用)によって，より効果的な学校を開発するために調査を利用する試みは，議論を巻き起こしがちである。さらに，主にヨーロッパや北米で行われているような，効果的な学校に関する調

査は，学校効果の研究に関する多くの弱点を共有している。それは以下の通りである。

(i) インジケーターを有効とする基礎理論の欠落

(ii) カリキュラムに基づいた評価ほど，質的改善の取り組みの影響を受けない，生徒の学業達成の標準化された測定基準の使用

(iii) 教育の質的改善について，より包括的理解を得る，他の生徒の認識達成度のインジケーター(例えば，生徒の自己概念，生徒の学校やコミュニティにおけるビヘイビア，生徒のリテンション(retention)，教員の態度，教員のビヘイビア)の排除

(iv) 学校レベルのインジケーターの活用，あるいは同じ学校における，様々な生徒のグループ(例としては，ジェンダー，民族および社会階級による格差)に対する，差別的な影響を隠すことのできる，学校レベルにまで生徒データをアグリゲートしたものの活用

これらの特徴のため，様々な社会，地域また学校所在地ですぐに受け入れられるような処方箋を調査が出すことは難しい。また，このような調査活動から得られる，政策の実施や実践の維持といった，教育を改善するプロセスに関しては，ほとんど直接的な説明がない。ロッキードとロングフォード(Lockheed and Longford)は，生産関数モデル(生徒の学業達成の決定要因をはっきりさせるために使われる学校効果モデル)の有効性に関して，さらに2点指摘している。第1に，異なる変数を伴う，異なる回帰モデルは，新しい結果を生むかもしれないということ，第2に，「教育システムについての予備知識がなければ，回帰(もしくは変動要因)分析の結果，もしくは構造モデルの結果でさえも，それらに基づく，いかなる介入政策も，適切な根拠を持って正当化されることはない」(Lockheed and Longford, 1991, p.146)ということである。しかし，このように深刻な制約にもかかわらず，報告された調査は，実験と見られるような，小規模もしくは大規模の介入を始めるのに十分な洞察を与えている。さらに，学校効果と効果的な学校に関する調査は，実践の批判的な検証と結びつき，教員お

よび校長の現職教員研修プログラムの内容と分配，また地区レベルとスクール・クラスター・レベルでの革新的な試みの計画に影響し得るような洞察を与える。

　調査の発見や，またしばしば経験から生まれる反証がないことは，介入に対するインプリケーションを引き出す際に注意する必要があることを強調する。しかし，教授＝学習プロセスを改善し，個々の学校の質を向上させる潜在的可能性については，調査の矛盾や実践の複雑さが示すほど，見込みがない訳ではない。第1に，リソースを投資することが「最もいい賭け」であることを示唆する国際的調査が十分にある。表Ⅱ－6は，一般的な質の高い学校に関して，最も頻繁に引用される特徴のいくつかをあげている。前述したように，これらの特徴は，貧しい DMCs においては，しばしば欠けているのである。第2に，実践のための調査のインプリケーションは，国際比較分析よりも，個々の国の分析において，より明白かもしれない。

　より高度な学習活動に関連する学校要因のパターンは，所在地によって変わり，様々なインプットの有効性は，初期条件に応じて多様であるということを，2つの鍵となる観察が示している。ボックスⅡ－2は，インドとタイの小学校の，学校レベルでの調査を報告したものである。シュクラ他 (Shukla et al., 1994) による，インドの22州における学業達成についての研究は，各州における学習活動の，統計上有意な10の学校レベルの決定要因を明らかにした。しかし，このうち，「オペレーション・ブラックボード」（訳注参照）の存在と PTA の存在という2つの要因だけが，少なくとも3分の1の州において，より高度な学習活動のレベルと正の関係にあった (世界銀行，1997, p. 92)。ある程度までは，ボックスⅡ－2で確認された要因は，表Ⅱ－5であげられた特徴のいくつかに対する前提条件と考えられる。

　ボックスⅡ－3は，タイにおける効果的な学校教育に関する研究の発見の要約を引用している。教員の能力，よく開発されたカリキュラム，教科書の活用などの重要性に関する発見は，表Ⅱ－6のリストを支持している。ボックスⅡ－2とボックスⅡ－3のコメントは，調査解釈の過度な単純化に警告を発してい

> ### ボックスⅡ−2　より高い学業達成と関連する学校要因
>
> より高い生徒の学業達成と関連する要因は，以下の通りである。
>
> - 改善への需要形成(供給側主導型支援の限界内ではあるが)
> - 地元のリソースへの信頼構築
> - 参加と，情報の共有
> - ステークホルダーの認証
> - ステークホルダー間の分業
> - コミュニティのニーズと支援の分析
> - レリバントな既存地元組織の認証
> - コミュニティを動員する方法論の形成
> - 計画立案，実行，モニタリングに必要なテクノロジーの開発
> - キャパシティ・ビルディングと長期にわたるコミットメント
>
> より高い学業達成に関連する学校要因のパターンは，所在地によって変わり，さまざまなインプットの有効性は，初期条件に応じて多様である。
>
> 出典：Shukla et al., 1994；世界銀行, 1997 より抜粋

る。このような研究は，あいにく DMCs 内では十分に行われていないが，いかなる国においても，政策の選択を適切に支援するような，より一層の研究と証拠が必要とされている。

ボックスⅡ-3　効果的な教員と学校の特徴

「我々の最終分析の結果, タイにおいて, 教員と学校の特徴のいくつかは, 生徒の学習活動と正の関連にあることを示している。

- 学校において, 数学を教える資格を所有する教員の割合
- 数学のエンリッチド・カリキュラム
- 教員による, 教科書の頻繁な活用

同時に, 以下のような, いくつかの教授実践は, 学習活動と負の関連にある。

- ワークブックの頻繁な活用
- 教室において, 秩序維持のために費やされた時間

しかし, これらの因果関係に関する見解は, 外部からの介入の結果であると解釈されるべきであるならば, 維持されない。学校が追加的に教科書を用意することは, 教育プロセスと教育運営の決定に関係しないような単純な手続きではなく, それ自体が, 教育プロセスのある知られざる側面と関係する, アウトカムの変数なのである。同じように, ワークブックを使わないことは, ワークブックの使用を減らすように導くあらゆる状況が存在するか, もしくは外部から誘導されない限り, アウトカムを改善することにはつながらないだろう。教育システムが機能するような因果モデルを我々が持ち, それを適用する場合にのみ, 外部からの介入はこのリスクを免れるだろう。本書の随所において展開するモデルは, 純粋に記述的である。回帰分析法と変動要因分析法の活用は, 記述を改善するが, 因果関係に関する推論は与えてくれない。さらに付け加えれば, 効果の推定についての解釈は, 影響の多様

> 性によって左右され，予測という意味において同じように正確な，異なる変数を用いた代替的な回帰モデルがあるかもしれない」。
>
> 出典：Lockheed and Longford, 1991, pp.145-146.

訳注）

オペレーション・ブラックボードとはインドの国家教育政策(1986)を受けて展開された，最低限必要な教育リソース(特にインフラストラクチャーと人的リソース)を整備することで学校環境を改善し，教育の質の向上を目指した国家プログラムである。すべての小学校に，2つの教室，2人の教員，その他基本的な教育設備を整備することを目指した。
京都大学大学院教育学研究科院生 小原優貴氏のご教示による。

表Ⅱ-6 質の高い学校の特徴

- 独自の思考を促進するように計画された教授方法
- 能力とやる気があり，よく訓練された教員
- 適切でうまく計画されたカリキュラム
- 教科書を含むが，それに限定されるわけではない，効果的な学習教材
- 安全でよく手入れのいきとどいた学習環境
- 妥当で信頼できる試験システム
- 授業視察を含めた効果的な学校のリーダーシップ
- 十分な直接の授業時間数
- 適切な資金調達
- 効果的に組織化された構造と支援

第2節 教員と教授活動

質の高い教授活動というコンセプトは理解しにくいが，教室における教員と教員のビヘイビアは，時として学校の質を測る便利なインジケーターと考えら

れており, たびたび質的改善の試みの中心的な関心事となっている。CSS で報告されているように, 特に重要なのは, 教員のステータス, 変化する教員の役割, そしてキャリア・パターンであり, これらは教員を熟練した職人もしくは専門職者と位置づけ, 職場のもつ潜在的可能性を決める。教員のパフォーマンスを改善するという観点から, 教員養成および現職教員研修プログラムの, 内容とスキルの分配に, 焦点があてられ続けてきた。

■教員の地位, 採用と配備

教員の地位は, DMCs の中でも著しく異なる。その上, 教員の地位は時とともに, また教育レベルによって変わる。多くのアジア諸国において, 教員は, 歴史的に, 尊敬される地位にある。香港 (China), 大韓民国, シンガポールと台湾 (China) では, 教員の地位は, 部分的には伝統によって, また, 教員の, 徐々に上昇し, ほどほどに魅力的な給与によって守られてきた。就学率の急速な成長とともに, 教員に求められる資格要件が少なくなり, 近代化と結びつき, 増大する職業との競争が激しくなり, また多くの域内諸国における (ボックス II − 4 参照) 不景気が, 教員の地位と尊敬を低下させる結果になってきた。教員の採用の際, 政治的情実が濫用されることは, スティグマに加えられてきた。地位と密接な関係がある教員資格の必要条件は, 教育階梯を登るにつれて増えていく。したがって, もしも小学校教員が中等レベルで教える資格をもてば, 大抵は昇進と見なされるのである。

教員の需要と供給のマッチングは, DMCs 1 国内でも, 国家間でも大きく異なる。インドでは, 教員の増加率は州によって異なるものの, 小学校教員は, 最も着実に成長している専門職となっており, 1993 年の場合でいえば, 約 200 万人の初等学校, 上級初等学校教員が採用された。

とはいうものの, いくつかの州では, 教員集団の成長は, 生徒数の成長に十分追いついているとはいえない。例えば, 1993 年には, 生徒対教員比率は, ビハール州 65 対 1, アッサム州 38 対 1, インド全土では 49 対 1 であった (世界銀

> ### ボックスⅡ−4　教員のステータス
>
> 「小学校で教員は，他の専門職に比べて最も地位が低く，昇進のチャンスもほとんどない。ほとんどの教員は，公務員のグレード7（彼ら／彼女らはこのグレードは身分が低いと考えている）からスタートし，彼ら／彼女らのキャリアの全ての期間，その地位に留まる。低いグレードから入るが管理職に昇進できる他の公務員と違って，教員にはキャリア階梯がないのだ。」
> (Warwick and Reimers, 1995, p.29)
>
> 「小学校教員は，怪しげな学問的スキルを持ち，政治家とたまたま知り合う機会をもった者を引き付けるような仕事だとみなされてきた。小学校教員が，安い給与を受け取りながらも大いに尊敬を受ける国とは違って，パキスタンにおいては，教員はその仕事に課されたスティグマに苦しんでいる。政府や社会は，この専門職の資格にはほとんど尊敬を示さなかったし，それにふさわしく扱うこともなかった。」(Warwick and Reimers, 1995, p.31)

行，1997）。バングラデシュでは，1990年代の小学校の生徒対教員比率は，60対1を超えていた。このような比率の結果，どのようなクラスサイズになるのかは明らかではないが，質的改善には，下方修正が必要になると考えることができる。

　大きなクラスと，貧困な物理的施設は，教員と生徒にとって共通の問題である。バングラデシュとインドでは，1クラスに50人以上の生徒がいるのは普通である。さらに，非効率的な計画立案，政治的情実，人口という要因が，学校の所在地，リソース，補充に必要とされる教員数に影響するのである。例えば，中華人民共和国CSSは，いくつかの省におけるクラスサイズは，「わずか数人」から，60〜70人まで多様である。教員過剰と不足は，1つの国の中でも同時に存在

表Ⅱ－7 インド8州の，低識字地区における教員の労働状況(1993年)(%)

州	安全な飲み水のある学校	トイレ設備のある学校	教員の椅子がある学校	電気の通じている学校	きちんとした建物がある小学校	学年別の教室がある学校	複式学級のある学校
アッサム	21	10	81	0	22	43	59
ハリヤーナー	76	57	92	27	56	81	59
カルナータカ	41	9	65	26	68	77	62
ケーララ	36	65	65	27	65	105	1
マハラシュトラ	36	20	85	26	46	73	56
マディア・プラデシュ	34	16	61	10	57	56	83
オリッサ	26	8	85	16	60	58	69
タミルナードゥ	61	9	73	21	60	46	62

出典：世界銀行，1997, p.159

し得る。たいていの場合，この問題は，州ごとに教員の配備に深刻な不均衡があるラオス人民民主共和国のように，都心では教員過剰，地方では教員不足というかたちで表れる(ADB, 1999)。しかし，教員過剰は，必ずしも質的改善にはつながらない。表Ⅱ－7は，特に地方において教員が直面する，魅力的でない労働条件について，いくつかの洞察を与える。インド8州の低識字地区では，ほとんどの学校において電気が通じておらず，また概して安全な飲み水もなく，さらに，しばしば，教員用の椅子さえもないと報告されている(世界銀行, 1997)。

　学校教育の質を改善するために，前述したような弱点にもかかわらず，DMCsは，新たな小学校教員への教育の必要条件を引き上げ始めている。経済的により進んでいる東アジア諸国では，多くの小学校教員が高等教育を受けている。インドでは，ほとんどの州で，教員に求められる普通教育の要件について，受ける学校教育の年数を10年から12年へと上げている(世界銀行, 1997,

p.146)。比較できる教育インジケーター(例として中華人民共和国は9年,パキスタンは10年必要とする)で見れば,インドはこの改革によって,他のDMCsよりも教育条件の整った国となっており,小学校教員の最低教育年数が12年か13年というOECD諸国のいくつかに相当するところに位置している(OECD, 1994)。国が経済的に発展し,教育システムが成長すると,教員として必要な基礎教育のための新規教員養成の準備は,中等学校(普通教育と教育学的研修の両方)で,その後はそれに特化した高等教育において,また,ゆくゆくは大学において実施される傾向にあるということだ。

■**新規教員養成研修,現職教員研修,および継続的研修**

　ハヌシェク(Hanushek, 1994)が述べるところでは,教育システムは,生徒の学業達成と正ではない関係にある,資格と経験という2つの教員の特色に,当たり前のように世界中で代金を払っている。インドの経験は,資格の種類や,新規教員養成教育,もしくは給与といった,教員の質を表すものは,典型的には生徒の学業達成に関係がないことを裏づけている(Kingdon, 1995)。さらに含意されていることとしては,世界銀行のレポートが,主な実証的研究において,教員の経験が,生徒の学業達成を予想する重要な鍵であるという証拠は見つけられていないと記している(世界銀行, 1997, p.97)。

　しかし,小学生についての学業達成の研究は,教員の貧弱な教科の習得度(不十分な普通教育,新規教員養成教育に由来する),限られた教授スキル(不適切な新規教員養成研修と現職教員教育研修に由来する),高い欠勤率(モチベーションの低さと,労働条件の悪さに由来する)という弱点を,生徒の低い学業達成としばしば結びつけている。教員の教科習得度に問題があることは(必ずしも公式の教員資格には反映されない),CSSで報告されている最も深刻な問題である。教員は,ただ単に,自分たちが教えねばならない内容を理解していないだけかもしれない(ボックスⅡ-5参照)。これは,明らかに,不十分で不完全な中等教育や,レベルが高い教科を省略する教員養成研修のカリキュラムを含

ボックスⅡ－5　教員になる準備

　パキスタンでは，公教育と教員資格付与校という，主に2つの種類の研修を通じて，教員資格者を養成する。これは，はっきりと意図されているわけではないが，公教育出身者は，教員資格付与校出身者よりも，生徒の数学と科学の学業達成に，より密接な関係がある。教員の学歴が上がるにつれて，教員は，彼ら／彼女らが教えている教材についての習得度が大いに高まり，それを教える方法もよりよくなるようである。

出典：Warwick and Reimers, 1995, p.58

ボックスⅡ－6　限界のある新規教員養成研修

　インドでは，教員の3分の2が，幅広い年齢，多言語，複式学級に直面しなければならないのであり，そのような状況で教える準備が必要であるにもかかわらず，そのための研修を受けていない。国立教育調査・研修研究所(NCERT)の小学校教員養成研修のモデル・カリキュラムは，プログラムの20％以下を教授実践の練習に，また20％を教授法のスキルを開発することにあてているに過ぎない。その結果，小学校教員の教授スキルのレパートリーには限界があり，特に貧しい地域と地方においては，生徒の積極的な学習活動を促進しない，講義，オーラル・リーディング，筆写などの実践に重点が置かれていた。

出典：世界銀行, 1997, p.27

む, 様々な要因によるものである。

　教授＝学習活動を改善する戦略には, 新規教員養成研修および現職教員研修をアップグレードすることにより, 教員のスキルをアップグレードさせることが含まれる傾向にある。現在の教員養成プログラムに関係するイッシューには, 普通教育の量, 期間, 教室でのデモンストレーションや実践にかけられた時間の比率が含まれる。教員自身が, 新規教員養成研修の不適切さを自覚している。インドのハリヤーナー州とケーララ州の地方の学校で, 新規教員養成研修についての教員の意見調査では, 教員準備プログラム, また指導スタッフの質, 教科書, 学校図書室の質に対してまでも, かなり不満が高いことが明らかになった。特に, 東南アジアの地方と南アジアにおいては, かなり多数の教員が, その地位につくだけの十分な資格がない。例えば, バングラデシュでは, 非政府学校の教員のうち, 87％が研修を受けていない。インドでは, 州によって研修を受けた教員の比率に大きな違いがある。世界銀行は, 以下のように述べている (1997, p.157)。

> インドのいくつかの州においては, 教員研修を必要としないところもあるが, 小学校教員の約90％は研修を受けており, 2年間の研修 (1年間コースがあるアンドラ・プラデシュ州, アッサム州そして西ベンガル州を除き) を終えた後で, 小学校教員の免許を得る資格ができる。しかし, 小さな州のいくつかにおいては, 50％以下の教員しか研修を受けていない, と報告されている。例えば, アルナーチャル・プラデシュ州では小学校43％, 上級小学校41％, マニプル州ではそれぞれ6％, 29％, メガラヤ州では42％, 36％, ナガランド州では48％, 26％, シッキム州では49％, 41％, トリプラ州では34％, 35％である。

　資格がある, または資格がないというのは, もちろん, 相対的な用語である。典型的には, 教員は, 公式に認可された研修プログラムによって, 資格を得る。そのようなプログラムが, 教員のビヘイビアや, 生徒のパフォーマンスに, ほと

んどレリバンスをもたないとすれば，資格があるかないかという区分は，分析上の有効性をほとんどもたないということである。

　新規教員養成プログラムに対する批判(ボックスⅡ－6参照)のために，補完または代替としての現職教員研修の可能性に対する関心が高まっている。CSSと様々な国際的レポートは，現職教員研修の限界を検証している。それらの批判は，現実の教室状況にはあてはまらないこと，専門的能力の開発計画とキャリア計画がないこと，研修をデザインする際に教員が参加しないことを強調している。ネパールやインドのケースのように，教科に関する教員の知識を改善したり，もしくは指導実践を変えるには，ただ単純に現職教員研修が希薄すぎるということなのかもしれない(世界銀行，1997，p.148)。プログラムが，教室での実践へと研修の焦点を移すことを計画しなかったり，フォローアップしなかったりするならば，現職教員研修においてはトランスミッション・ロスもあるということになる。ネパールのCSS(1997, p.47)は，現職教員研修プログラムが学校における「莫大な数にのぼる研修を受けていない教員」のニーズを満たすには，ただ単純に量的に十分ではないと述べている。インドにおいて，国立教育調査・研修研究所(NCERT)に支援された，約170万人の小学校教員を対象にして1986年から1989年の間にインドの3つの州で実施された，現職教員研修プログラムについての評価が明らかにしたところによれば，指導法には，デモンストレーションに対する教員の高い需要があったにもかかわらず，教員による実践のデモンストレーションをほとんど含んでいなかったということである(Rao, 1994)。

　教員研修に関するイッシューは，内容，コスト，既存の新規教員養成研修と現職教員研修の有用性をめぐって展開する傾向があるが，よい教員を養成するために必要な，さらに別のタイプの研修があると考える者もいる。教員研修は，教育学的スキルを学ぶ従来型の研修や，学問的内容を強化する以上のことを必要としている，とますます認識されるようになってきている(Harding, 1996; Irvine, 1995)。域内における，教員をエンパワーする多くのプログラムは，教員

> ### ボックスⅡ−7　革新的な現職教員研修プログラム
>
> 　2つの革新的な現職教員研修のパイロット・プログラムとして，インドのいくつかの州において，非政府組織(NGO)によって実施されているジョイフル・ラーニング(Joyful Learning)と，国際連合児童基金(UNICEF)がスポンサーとなっているプログラムのティーチャー・エンパワーメント(Teacher Empowerment)とがある。ジョイフル・ラーニングは，子どもを中心とした活動を意味しており，子どもや教員が学習活動を好きになるように，また，教員が教室において積極的な学習活動を取り入れるように動機づけることによって，積極的な学習の実践を推進する。ティーチャー・エンパワーメント・プログラムは，学校レベルのリソースと管理的サポートをうまく利用することによって，学校の環境を改善しようと努力し，教員のモラールと自尊心を高めようと努力し，また教授活動を改善する意志を強め，それが結果的には，生徒の就学と出席を高めることにつながるよう努力をしている。教員は，学習教材の準備についてのガイダンスも受けられる，一日がかりの動機づけのための研修セッションに参加する。そこでは，毎月のフォローアップ・セッションも，スクール・クラスター・レベルで実施される。
>
> 出典：世界銀行, 1997

の態度，価値観，実践を変えるには，技術的な研修以上の何かが必要とされることを証明している(ボックスⅡ−7参照)。学級の方法論の変化に対してうまく効果を発揮できなかった教育の質的改善プログラムの領域に多く見られる例は，特に学級での相互作用が増しているような社会においては，権威，ジェンダー・ロール，学習スタイルについての既成の規範と反対方向に進んでいる(Agarwal and Harding, 1997a; Bray, 1996; Fuller and Clarke, 1994)。

バングラデシュ，インド，ネパールおよびパキスタンにおけるティーチャー・エンパワーメント・プログラムは，積極的な評価は受けにくいが，教員の低い自尊心，無断欠勤，汚職，そして教室に質的インパクトを与えることを目的とする多くの教育革新への抵抗に対処する方法を探す必要性への関心を呼び起こした。モーリー (Morley) は，次のように述べている (1997, p.4)。

　　教員は，彼ら／彼女ら自身が，南アジアの多くの国において，カースト，社会階級，ジェンダー，また部族の相違によって支配され，学校と彼ら／彼女らの研修における伝統的なスタイルの学習活動に支配されている。教員は旧態依然とした〔伝統的な〕研修プログラムを受けることによって，彼ら／彼女らの教授活動における権威主義的なスタイルや機械的な学習活動を変えようとしないだろう。

■教員へのインセンティブ

　教員として才能のある人材を採用することの困難さと，教員のモチベーションの低さや高い欠勤率について広がりつつある関心は，潜在的な教員へのインセンティブの国際的調査を促してきた (Lockheed and Verspoor, 1991)。しばしば提案されるインセンティブには，以下の事項が含まれている。(i) 教員のモチベーションを上げるために，教員の給与のうち相当な割合を，上司に評価されたパフォーマンスに基づいて支給する能力給, (ii) 数学と科学の教員に対する割り増し給与，そして (iii) 地方で働く教員に対する特定地区手当 (Chapman, 2002)。しかし，インセンティブとモチベーションの欠如による，効果のない教授＝学習活動に対する明確な解決法は，組織の文脈のために複雑になっている。能力給を受け取らない教員は，より一生懸命働くのではなく，むしろ努力しなくなるという反応を示すかもしれない。そして，数学と科学の教員に割り増し給与を支給することは，他の教員の怒りやフラストレーション，苦々しい思いを引き起こすかもしれない。さらに，多くの教員は，遠隔地で仕事をするよりむしろ，都会で失業するほうを望むであろう (Murnane and Cohen, 1986)。

教員給与は, ほとんどのアジア諸国において, 永遠の問題である。表Ⅱ－8は, アジアにおける教員給与は国民1人当たりGDPの2倍であり, アフリカにおける教員給与に比べると低いことを示している。例えば, バングラデシュ, 大韓民国, タイのようないくつかのアジア諸国では, 1985年から1995年の間に, 教員の実質賃金が101％増加した(表Ⅱ－9)。他のアジア諸国における教員は, それほど増加したわけではなかった。ベトナムでは, 給与レートは, 絶対的な意味でも, 相対的な意味でも, 非常に低い(同等のスキルをもつ他の職業と比較して——特に, 現在, プライベート・セクターで生まれているような仕事と比較して——)。1980年代中旬の, 小学校教員の平均給与は, 国民1人当たり国民総生産(GNP)の0.8倍から1.2倍の間であったが, 同時期の他のアジア諸国では, 国民1人当たりGNPの2.6倍であった。また, ベトナムの中学校教員の平均給与は, 国民1人当たりGNPの1.2倍から1.7倍であったが, アジアでの平

表Ⅱ－8　地域ごとの国民1人当たりGDPの倍数で見る教員給与

地域	国民1人当たりGDPに対する平均給与の比率
西・中央アフリカ	7.28
南・東アフリカ	5.90
アジア	1.84
ラテンアメリカ	1.79

出典：Mehrotra and Buckland, 1997

表Ⅱ－9　教員の実質賃金の変化, 1985-1995年

国	1985	1989-1991	1995	変化(%)
大韓民国	74	100	149[a]	+101.0
タイ	77	100	133[a]	+72.7
バングラデシュ	116[b]	100	191	+64.6

a 1994年のデータ
b 1984年のデータ

出典：Mehrotra and Buckland, 1997, 付録B

均は 3.8 倍であった (ベトナム CSS, 1997, p.16)。フィリピンでは,「教員の報酬が比較的低いために, 卒業後によりよい報酬をもたらす進路を自己選択できる聡明な人々にとって, この専門職は魅力のないものになっている (フィリピン CSS, 1997, p.22)。

　もちろん, 教員の自尊心や安寧に影響する, 給与以外の条件も存在する。現在の教育予算は, まず教員の給与にあてられているので, 他の報酬とインセンティブが探求されねばならない。DMCs の多くのコミュニティでは, 現在, 住宅手当, 時には食糧手当など, 給与を補足する手当を支給している。フィリピンでは, 奨学金や研修プログラム, 模範的なパフォーマンスへの顕彰といったインセンティブを実施し始めた (フィリピン CSS, 1997, p.24)。コミュニティが貧しすぎて, 教員をひきつけるための物的インセンティブを支給できないような, ベトナムの恵まれないコミュニティや学校においては, 教員間での専門職者としての能力・スキルを改善することを促すために, 名誉称号のシステムが活用されている (「人民の教員」,「名誉教員」など)。

　それでは, 適切な報酬や顕彰もないのに, 何が実際, 教員をその職に留めているのだろうか。OECD 後援の, OECD 加盟国に実施した調査によると, 乏しい顕彰と報酬にもかかわらず教員をその職に留めているのは, 主に 2 つの理由があるといえる。その 2 つとは, (i) 子どもの学習を手伝うことへの強固なコミットメント, そして, (ii) 職場の同僚からのサポート, である (OECD, 1994)。アジアの DMCs において, 収入や報酬がすでに上限に達しているところでは, これらのモチベーションはおそらく顕著になるであろう。

■教員の役割と質

　教授＝学習プロセス, そして教育改革の中心に位置するのは, 生徒が自らの知的・情緒的な強さの発展に専念しているとき, そして日常的な経験と生徒を取り巻く社会の文脈において学習活動の検討に専念しているときの, 教員の役割である。教授活動の役割は, 新たなパターンの教育ガバナンスと教育運営, 新

たな種類の生徒, 新たな教授＝学習理論, 新たなテクノロジーに応じて時とともに変化していく。

　学校運営の機能が変化するにつれて, 教員の効果性の意味は変化するだろう。それにもかかわらず, ある基本的な「質の高い」教授活動の要素は維持される傾向にある。この要素には, かなりのカリキュラム領域の知識, 教育学的スキル, 問題解決に求められる個人・集団の活動で用いられる戦略, 概念とより高次の思考の応用, 自省的・自己批判的であり得る能力, 生徒が学習するのを支援するモチベーションが含まれている (ボックスⅡ－8参照)。運営当局の推移につれて, この伝統的なリストには, 運営能力や他の専門職者 (産業政策, カリキュラム, スタッフ・ディベロップメントについての専門職者) との協働作業能力, 広範な文化的背景をもつ生徒との協働作業能力のような, より新しいニーズと文脈を反映した, より包括的な定義が加えられるだろう。

　教授理論に関する最近のあるトレンドに応じて, 特に「ティーチャー・エンパワーメント」と結びついた教授理論に応じて, 数多くのローカル化した研修プログラムが, 南アジア, 特にインドで発展してきている。これらのプログラムは, 専門職者への支援を提供するクラスターの中心に, 同僚間の関係と自助の精神を開発することに結びついた, 動機付けによる研修方法, 参与集団による研修方法を用いている (Harding, 1996; Irvine, 1995)。国家にとってのチャレンジすべき課題は, このようなティーチャー・エンパワーメント・プログラムとコミュニティの指導者, 保護者, 他の教育関係者を結びつけることにある。彼ら／彼女ら教育関係者は, より参与的な方法で質と学校の効果を定義することに関与している。これは特に低所得のDMCsにあてはまる。こういった低所得のDMCsは, 大規模に質的変化を達成する必要があるのであり, それと同時に, コミュニティを動員することによってアクセスを増大している—動員することとは, 彼ら／彼女らの教育に関する認知された価値を変え, 子どもを学校へ送り込む機会費用に関する認知に影響を及ぼし, 子どもを仕事場に送り込むことによる追加的な所得を得ることに教育を先行させることである (Agarwal and

Harding, 1997a)。

　生徒の学業達成に対する女性教員の影響力を知ろうとする場合に，数少ない利用可能な先行研究の1つにおいて，ワーウイックとライマーズ (Warwick and Reimers, 1995) は，パキスタンの4年生と5年生の数学の学業達成におけるジェンダー・ギャップを検討した。この研究においては，女性教員の担当した生徒よりも男性教員の担当した生徒の方が数学において有意に高い学業成績を残していた。生徒と教員のジェンダー，教授活動の実践，生徒の社会階級，教員の学歴，学校の所在地をコントロールしたあとで，教員の受けた教育のレベルによって，数学における生徒の学業成績と教員のジェンダーの間の関係は，多様であると，著者たちは結論している (表Ⅱ-10)。あるレベルの教員の受けた教育において，パキスタンでは，男性教員の担当した生徒は数学でより高い得点をとるという共通の信念があるが，表Ⅱ-10はそれを確証している。しかし，大学を卒業した教員にとっては，ジェンダー・ギャップは女性教員に有利に作用している。

　小学校のロケーションは，ジェンダー・ギャップを説明する上で重要である。都市部の学校では，男性教員に担当された生徒と女性教員に担当された生徒は数学の学業成績に関して，2つのケースを除いて，同じである。その2つのケースとは，教員が大学を卒業している場合と，教員がカリキュラムの平均的な内容以上のことを教えている場合である。いずれのケースにおいても，女性教員が担当した生徒は数学において高い学業達成を成し遂げていた。ワーウイックとライマーズは次のように結論した (Warwick and Reimers, 1995, p.73)。

　………パキスタンの小学生の30％が都市部の学校に就学しており，都市部の女性教員の担当する生徒が男性教員に教えられた生徒よりも高い成績を収めているとすれば，男性教員の方がいいという想定には注意する必要がある。都市部の学校では，女性教員と生徒は明らかにまさっている。

> **ボックスⅡ－8　どのようにして1人の教員が差異を生み出すことができるのか？**
>
> 　アンドラ・プラデシュのゴダバリ地区の開発の遅れた奥地において、肯定的な態度で、種族の生活と文化に関心をもち、また適切に教えられれば種族の子どもたちは教育可能であるという信念をもっている教員を任命したところ、大きな差異が生まれた。教員が最も「原始的な種族の集団」の1つ（コンダレッディ族）が居住する村落の学校に赴任してきた時、34人の子どものうち、8人だけが入学した学校に規則正しく通学していた。子どもたちが登校してくるようにするために、教員は意識的に厳しくしたが、いったん学校に入れば子どもの積極的な参加を促したのである。子どもが登校することに関して保護者の同意を得るために、教員は村落の各世帯を訪問した。そして子どもを学校へ呼びこむため、毎日のように村落を巡回した。研究者たちが報告するところでは、フィールド観察の期間中、子どもたちは教員よりも先に学校に着きさえした。すべての1年生と2年生は、アルファベットを書くことができ、流暢に教科書を読むことができた。そして彼らは大変自信に満ちていた。
>
> 出典：世界銀行, 1997, p.139

　ワーウイックとライマーズによる研究によれば、さらに、パキスタンにおける農村部の小学校が、4年生と5年生の生徒における数学の学業成績のジェンダー・ギャップの主な原因であることを示している。「特に、複数の学年に責任を負っている教員に関してそうである」(Warwick and Reimers, 1995, p.73)。この2人の研究者たちが付け加えているところでは (p.75)、次の通りである。

　パキスタンには、農村部の学校で女性が数学を教えることにとって特有な、しばし

表Ⅱ－10　パキスタンにおける生徒の学業達成と教員のジェンダーの関係

教員の受けた教育レベル	数学における生徒の学業達成の差異	
	男性教員	女性教員
中等教育修了かそれ以下	男性教員の担当した生徒は女性教員の担当した生徒と同じ成績を収めた。	女性教員の担当した生徒は男性教員の担当した生徒と同じ成績を収めた。
大学入学資格獲得 (教員中の最大グループ)	男性教員の担当した生徒は4年生の数学と5年生の数学の両方において女性教員の担当した生徒よりも有意に高い成績を収めた。	女性教員の担当した生徒は4年生と5年生両方のレベルの数学において，男性教員の担当した生徒よりも低い成績を収めた。
大学卒業，学位取得 (教員集団の約15％)	男性教員の担当した生徒の方が，女性教員の担当した生徒よりも低い成績を収めた。	女性教員の担当した生徒は，男性教員の担当した生徒よりも有意に高い成績を収めた。

出典：Warwick and Reimers, 1995

ば否定的な環境がある。………(中略)………都市部出身の女性にとって，これらの学校の周囲は，物理的にも文化的にも不親切な環境である。安全性に地元の人々が疑念を抱いているために，番人がいて，外壁に囲まれ，同居人のいる住居を探すことを女性教員は余儀なくされている。

　生徒の学業成績におけるジェンダー・ギャップについてのもう1つの研究は，世界銀行によってインドで行われた(1997)。その研究が言及するところによれば，インドの小学校には，女性教員の2倍の男性教員がいる。いくつかの州においては，女性教員の比率が高くなるにつれ，ジェンダー・ギャップは狭まっている。これは，女性の初等教員のシェアを高めることの重要性を確証するものである(表Ⅱ－11)。しかし，研究者たちが確認した多様な学校の特徴の効果は

表Ⅱ－11　インド6州の低識字地域での，数学と言語の成績におけるジェンダー・ギャップを狭める学校の特徴

州名	数学	言語
アッサム	教員用教材へのアクセス，保護者の関与	教員が課する宿題
ハリヤーナー		リーダーとして校長が活動すること
カルナータカ		安定した教育スタッフ，女性教員のシェアが大きいこと
マディア・プラデシュ	教員が課する宿題	女性教員のシェアが大きいこと
オリッサ		女性教員のシェアが大きい，より多くの学校の物理的施設
タミルナードゥ	よい教員が関わって特別な援助を提供する	高いレベルの教育を受けた教育スタッフ，女性教員のシェアが大きいこと

出典：世界銀行, 1997, p.127

州全体で一貫しておらず，「これらの効果のうち，いくつかは，これらの特徴をもつ学校において男性教員のシェアが高いことによるかもしれないし，質を高めるインプットが特に男子生徒に向けられているという事実によるかもしれない」(世界銀行, 1997, pp.127-128)。

　女性教員・管理者の数と学校の質との間に結びつきはあるのだろうか？ワーウイックとライマーズ(Warwick and Reimers, 1995)が示唆しているところでは，ある条件下においては，答えは「その通り」である。世界銀行のレポート(1997. p.164)が示唆するところでは，教員と生徒をマッチさせる必要がある。

教員は，しばしば，彼ら／彼女らと特徴を共有する生徒に対してはより効果的である。女性教員は女子生徒に対してより効果的である。………(中略)………学習達成におけるジェンダー・ギャップは，女性教員のシェアが高い学校においてはより小さくなっている。

インドとパキスタンの研究は，いずれも，農村部の小学校に女性教員を補充することが特に必要であるということに関して一致している。

個人的にも集団的にも，教員の能力開発というものは，先に習得されたスキルのうえに蓄積され統合されていくものであり，後に習得されたスキルによって構築されるものである。しかし，教授活動のプールの中では，教員の質は，多様で差異化された基準を反映しているのかもしれない。国家のあるいは地元の文脈が，ある種の目的や価値を賞揚し，そしてそれは，時が経てば，教員の質の多様な次元を促進するかもしれない。さらに，労働市場における教員供給の問題の多い性質と，高いレベルの能力を開発し維持することにかかる費用のために，多くのDMCsにおいて教員の質に関して異質的な教員集団が生まれている。したがって，教員の質の概念は，断固として文脈に依存するのであり，とらえどころのないものであり続ける。

■**辺境地における質の高い教授活動の展開**

生徒の年齢層が幅広い地方や遠隔地の小さな学校で，より効果的に教育を行うために教員の能力を改善することは，多くのDMCsで生徒の学業達成を高めるための重大な試みとなっている。インドでは，政府が次のような方法で教員の質を高めるなど，この試みに取り組んできた。それは，教育資格の要件の引き上げ，教員養成の改善，(生徒集団の多様性にもよるが)教育者側の多様性を増やすこと，地方政府やコミュニティ組織による積極的な参加の促進である(世界銀行, 1997, p.28)。

多民族の遠隔地で，教育を向上させるという複雑性は，ベトナムのチャンホー

ボックスⅡ-9　ベトナム, チャンホー村の非識字

　主にモン族 H'Mong の人々によって占められているバクハイ地区 (BacHai) (モン (H'mong) 40％；キン (Kinh) 8％；ザオ (Dao), ヌン (Nung), ターイ (Tay), フーラー (Phu La)　22％) では, 6歳から14歳の年齢集団の合計児童数 15,601 人中, 非識字者は 13,453 人にのぼっている。15歳から35歳までの 20,731 人中では 15,781 人が非識字者である。

　チャンホー (Can Ho) 村での小学校年齢集団の中で, 266人中160人の子どもしか学校に通っていない。学校は1年生の5クラスと, 2年生の5クラスで, 3年生以上の学年のクラスはない。1年生には94人の生徒が在籍しており, 男子60人, 女子34人である。2年生は66人の生徒がいるが全て男子である。彼らは少数民族の120週プログラムで学んでおり, それに加えて106人の生徒が夜の学外識字クラスに通っている。1990／91年には, 1年生の24人が学校をドロップアウトしたが, その内の22人が女子であった。皆, その前の年と同じ学年に在籍していた。

　インタビューした6歳から14歳の全266人の子どものうち, 45人が少しベトナム語を話し(「片言のみの」), 6人が Voice of Viet Nam というラジオニュースを理解でき, たった1人だけが(3分かけて)55語のパラグラフを読むことができた。1990年には, チャンホー (Can Ho) 村は118人の学習者の中から非識字者を「除籍」し, 1991年にはさらに28人から学習者を「除籍」した。これらの人々は全員非識字の状態に戻ってしまったのだ。

出典：ベトナム CSS, 1997, p.17

訳註) ベトナムの教育制度は 5-4-3 制である。初等教育は2学期制で, 9月から翌年1月までが第1学期, 旧正月 (テト) 明けから5月までが第2学期となり, 6月から8月までは夏季休暇となっている。

> 　旧カリキュラムでは，1学年度は33週間で，1週間の授業時間数は30時間前後，初等教育は合計165週であった。旧カリキュラムでは，各地域における事情を考慮して，3種類のカリキュラム(5年間で165週，120週，100週)が設定されていた。ベトナムには少数民族のための寄宿制学校，半寄宿制学校という特別な学校があり，ここでの授業時間は一般の学校よりも少なく，低年次に地域の少数民族言語を教授言語の補助用語として扱ったり，遠隔地に家のある生徒のための寄宿舎を作ったり，様々な特別措置がとられていた(教育法第56条)。教員についても，こういう特別な学校に赴任する人には手当がつくようになっていた。
>
> 　なお，2002年9月から新たな教育制度が導入され，年間35週，初等教育5年間で175週が必須となっている。これまで短縮カリキュラムを実施していた地域でも175週への対応を迫られ，地方分権化がすすむ中，貧しい地域は苦しい対応を迫られるようになっている。
>
> 参考文献
> 浜野隆(2004)「初等教育普遍化に向けての政策課題と国際教育協力－ベトナムの事例－」『国際教育協力論集』，第7巻第2号，pp.39-53.
> (http://home.hiroshimau.ac.jp/cice/hamano7-2.pdf)
> なお，この部分の執筆に関して，浜野隆先生(お茶の水女子大学文教育学部助教授)と近田政博先生(名古屋大学高等教育研究センター助教授)よりご教示頂いた。記して感謝します。

(Can Ho)村のケースで例示されている(ボックスⅡ－9)。地方での教員不足とはつまり，地方の小学校で教員が複数の学年を受け持たざるを得ないことを意味している。その結果，複式教育は，実行可能性を秘めた革新として吟味され始めている(ボックスⅡ－10)。ローリーとニールセン(Rowley and Nielsen, 1997, p.185)は以下のように述べている。

　教員不足が続く間，より質の高い初等教育を供給するために，複合学級をこれま

ボックスⅡ-10　複式教育のアドバンテージとディスアドバンテージ

アドバンテージ	ディスアドバンテージ
・人口の少ない地域での基礎教育の供給に効率的 ・研修を受けた教員や教室数，教材など不十分な教育インプットを活用できる効率的な方法 ・地方の学校の維持は，村落アイデンティティや文化的生活を形成するのに重要である。 ・利用可能な学校の空間(スペース)を広げ，学校が家により近くにあることを確実にするのに役立てば，女子に便宜を図ることができる。 ・自主的な探索とピア・チュータリングを通して，生徒は「学ぶことを学び」，「教えることを学ぶ」。 ・生徒と教員は時間をかけて強い関係を築いていく。 ・生徒は，年齢が異なるが同じクラスというユニークな社会化のパターンから利益を受ける。 ・留年から連想されるスティグマが拭い去られる。 出典：Rowley and Nielsen, 1997, p.186	・生徒は教員からの個人的な注意が余り受けられず，しばしば1人で勉強しなければならない。 ・もしプログラムが必要とするリソースによってサポートされておらず，教員がそれほど訓練されていなければ，生徒の学業達成は下がるかもしれない。 ・教員の時間や組織的な能力に対する要求が高い。教員の仕事を効果的にこなすためには特別な研修や教材が必要となる。

でと変わらず，むしろさらにより一層頼りの綱としていかなければならないという予測がされている。それにもかかわらず，ほとんどのアジアの国々の政府は，複合学年の調査計画や複式教育の戦略を進展させていない。学校システムは，およそ教員1人につき単一学年1クラスという構想にたって，計画し，教員を養成し，カリキュラムを編成し続けている。

しかし例外も増えており，そのうち2つはパプア・ニューギニアとフィリピンである。例えば，パプア・ニューギニアのCSS(1997, p.62) によると複式教育の目的は，

> 年間を通して生徒の受け入れを全国のすべての小学校において達成し，教員の雇用コストを抑えることである。しかし，もし教授活動の質が低く，複式教育法に対する教員の理解が乏しければ，複式学級の生徒への溢出効果 (Spillover Effect) が，教育改革の成果と，改革された教育システムに対するコミュニティの信頼をいとも簡単に損なってしまうことになる。

フィリピンは，複式教育を実験した後，否定的，肯定的な反応を検証した (ボックスⅡ－11)。ラオスは教員の配置転換をして遠隔地に複式学校の展開を両立させることを盛り込んだ国家政策を検討している (ADB, 1999)。これらの2つの戦略改革によって基礎教育の機会が広がることが期待されている。ローリーとニールセン (Rowley and Nielsen, 1997) は複式教育の活用を改善するために次の勧告をした。

- 複式教育の利点と寄与を認識しなければならない。
- 複式教育は正統な教育の形態として公式に認識されるべきであり，その結果，学校には必要なリソースが分配され，適当な規制のもとで管理され得る (このような認識には，教室で，生徒同士での教え合いや，コミュニティ・ボランティアの

活用などといった現場での問題解決や適応といった理念が含まれるであろう)。
- 新規教員養成研修と現職教員研修は,複式学級を受け持つ教員が適切な研修を受けられるように変えるべきである(複式学級での教育実習生による指導をどうしても含むのだが)。
- 学校の管理者は,体系的に,以下のような適切な方針のもとで,複式教育の運営にアプローチしなければならない。それは (i) 教員の採用,配置,研修,(ii) 現地語での教授,(iii) カリキュラムや教材のデザイン(自習教材や地域特有の教材を重要視する),(iv) 学校全体での意思決定の際に地元のコミュニティや生徒を参加させる学校ガバナンス,(v) コミュニティ内外からのリソース配分に,柔軟性をもたせる学校ファイナンス,である。

ボックスⅡ-11　複式教育に対するフィリピンの教育管理者の視点

継続を望む理由

1. 子どもたちには欠点があり,不十分な面もあるが,子どもたちに対する本質的な愛情や敬意を育んでいるから。
2. この仕事にはとてもやりがいがあるから。
3. 子どもが(自ら)学習している時,成功していると感じるから。
4. 子どもの興味や美点のために,自らを犠牲にしなければならないから。
5. 自分が有能な教員であるかどうかを知るために。
6. 教員として仕えることにコミットしており,これが自分に与えられた仕事であり,選択の余地はないから。
7. この仕事になれたから。
8. 教員は柔軟に仕事ができる機会があり,自己実現や自己達成の機会が与えられているから。

9. この方法で神に仕えることができるから。

10. 文化的コミュニティで働くことが楽しいから。

<u>継続を望まない理由</u>

1. 複式学級を教えるのが難しい。より多くの業務，準備，責任があり，きつい仕事だから。

2. 子どもたちの学習機会が限られてしまうから。

3. 単式学級で教える経験をしたいから。

4. 授業計画があまりにも大変な業務で，時間と労力を要するから。

5. 単式学級で教えるほうがよっぽど楽だから。

6. 時間の予定を組んだり，学習活動のスケジュールを立てたりするのが難しく思えるから。

7. 教授活動の結果が良くなく，授業のパフォーマンスが低いから。

8. 学校が家から余りにも遠く，学校までの通勤が危険だから。

9. 年配の教員が複式学級を扱うべき。

10. 教員としての専門的能力を伸ばす時間がなくなり，研修も受けられなくなるし，健康にも悪いから。

11. 複式学級の教員は他の教員に比べてはるかに時間と労力を捧げているにも関わらず，給与は同じだから。

12. 学習が上手くいくことにはつながらない。もう止めたい。苦痛が楽しみに勝るなんて。

13. 多くのレポートが必要だし，保存すべき多くの記録があるから。

出典：Miguel and Barsaga, 1997, p.30

第3節 カリキュラム

　カリキュラムは, 少なくとも各学年のレベルで教えられるべき内容やその順序立て, そしてレベルに合わせたペースを規定したものである。カリキュラムの構成やその配分は常に多くの批判の対象となってきた。カリキュラム開発はたいてい中央政府で実施されており, その内容が都市的や中産階級的に片寄りがちである。ナショナル・カリキュラムのデザインに対して, 教員に関するインプットはほとんどなく, その内容は多くの場合, 生徒にとって余りに難しいかあるいは, 余りに広範囲にわたっている。また, ナショナル・カリキュラムが準備され, 広められた時ですら, 4つのイッシューが, 教育の質を高めようとする DMCs の試みの中で最も顕著である。(i) ナショナル・カリキュラムが十分に開発されてはおらず, 目標が明確ではないし, 学年間の学習内容の接続 (articulation) が不十分である, (ii) カリキュラムが開発されていても, 現場の教員に十分に受け入れられていない, (iii) カリキュラムが明確に規定されているにもかかわらず, 割り振られた時間に対して, 余りにも難しく, あるいは, 余りにも多くの学習材料をカバーしすぎている, (iv) 教科書かつ／あるいは教員養成がカリキュラムと整合的ではない。次にこれらの点についてより詳しく述べよう。

(i) **カリキュラムが十分に開発されていない。**

　カリキュラムはそもそも専門家集団によって開発されており, 統合性を欠いている。さらに, 教員養成や教科書選定, 選抜試験などについては, 旧カリキュラムに対応する変更がなされることもないままに, うまく調整されないまま変更される。それを繰り返すうちに, 学校での教育活動はカリキュラムとはほど遠くなっていく。教科書と, 何を教えられるべきか, もっとも快適に教授できるのは何かについての教員の個人的信念とによって教員の指導はゆりうごかされ, より場当たり的なものとなっ

てきている。

(ii) **教員がカリキュラムを受け入れない，または受け止めない。**
教員は，教育目標や教育内容，またはそれに伴うカリキュラムのガイドラインなどに対して，インプットすべきものをほとんどもたない。さらにいえば，教員は――特に地方の教員は――ナショナル・カリキュラムのコピーすらもっていないかもしれないし，そのアップデートもしていないかもしれない。この欠点は，教育省の予算規制によるものであっても，単にコミュニケーションをとることが難しいことによるものであっても，そのインパクトは同じである。つまり教員がカリキュラムを活用する自信を欠いているか，または，カリキュラムが与えることのできる構造と支援を欠いているかである。結果として，教育の質は落ちる。そして，生徒は，すでに教えられたものと試験では想定されている教材を学習していないため，国家試験では乏しい成績しかとることができないことになる。このことは，パキスタンで十分例証されている。CSSは，パキスタンの事例において，カリキュラムに関して起きた教員や生徒に影響を与える教育改善の失敗を，教育の質の深刻な問題として認識している。

(iii) **学習しすぎること**
DMCsのいくつかの国ではカリキュラムが余りにも念入りに作られすぎており，生徒に余りにも多くの内容を学習させようとしており，生徒は効果的に教えられたり，適度に学んだりすることができなくなっている。カリキュラムは，新たに必要となるものが少しずつ加えられることによって展開し，結果的に混乱した過重なカリキュラムになるのかもしれない。例をあげれば，カンボジアは，初等教育レベルの12教科で過密なカリキュラムになっている (ADB, 1996, p.23)。そのようなカリキュラムは教授活動の分断を引き起こし，教科間の内容の統合性が欠如すると

いう事態を招いている。

(iv) カリキュラムと教科書の不調和

　これは以下のような場合にしばしば起きる。すなわち，教員養成に配慮することなく教科書が改訂される，あるいは変更される時，または，学校ですでに使用されている教科書を考慮せずに教員養成がアップグレードされた時である。教育プロセスの中である1つの要素を改革しても，それはシステムを通してその他の要素に波及することはない。したがって，諸要素は不調和な状態になる。再びパキスタンの例をあげると，それは教科書がカリキュラムの目的を忠実に反映していない環境の例である（世界銀行, 1991）。

　これらの欠点に加えて，CSSは現在改革が起こっている，または検討中の様々なカリキュラム改革を批判している。次の報告は，主に社会的レリバンスを求めて内容を大幅に変更していることに注目している。

(i) フィリピン

　フィリピンでは，初等教育，中等教育のカリキュラムには，繰り返し注意が払われてきた。1980年代初頭の教育改革においては，人間として，フィリピン人の市民として，そして世界コミュニティの一員として，子どもの知的，身体的，倫理的，そして精神的な諸発達を調和させるために価値教育が強調されてきた。1993年には，生徒の算数と科学の低い学業成績に対応して，これらの2教科に配分される授業時間は増え，年間185日から200日に授業日数も増えるという新たなプログラムが導入された。同じ年に価値教育は3年生と4年生の中等教育カリキュラムから削除され，英語，数学か科学，そしてテクノロジーにとって代わられた（フィリピンCSS, 1997, p.12）。

(ii) パプア・ニューギニア

1970年代より「コミュニティは,小学校教育のアカデミックな内容を強く支持する姿勢をとってきた。なぜなら,高い給与を得られる仕事が約束されていたからである。ここ最近では,保護者は,退学者のための雇用セクターでの仕事が不足していることに気づいており,過剰にアカデミックなカリキュラムのレリバンスについて疑問を持ち始めている」(パプア・ニューギニア CSS, 1997, p.21)。技術変動の時代にレリバンスへの要求への対処の1つとして,カリキュラムにテクノロジーが導入された(ボックスⅡ-12)。

ボックスⅡ-12　パプア・ニューギニアのカリキュラムに加えられたテクノロジー

　基礎的なテクノロジーの**目的**には,以下のためのスキルと知識を発展させることが含まれる。

(i)　家庭やコミュニティで実践的で実際に役立つタスクを達成するための設計,問題解決,意思決定,調査研究と情報の応用

(ii)　様々なツールと装備を安全かつ効率的に使用し,操作する

(iii)　個人的,身体的,精神的そして情緒的な成長の理解

　その**内容**については,以下の項目を中心に構築されている:健康と安全,ツールと設備,ワーキング・テクニック,デザインと材料。

　その**応用**に関しては,以下に注目している。有用なコミュニティ・テクノロジー;水,力,衛生システム等;家や建物のメンテナンス;機械と家庭用装備;食物と栄養;衣類の構成や家庭での裁縫;クラフト;家庭のマネージメント

出典:パプア・ニューギニア,教育省,1993

(iii)　ネパール

　　教育の質は，社会的レリバンスに関しては特に重大な関心事である。教育カリキュラムは社会的文化的リアリティ，特に不利な立場にあるグループのリアリティに目を向ける必要がある。「例えば，典型的な識字プログラムは国語で書かれている本を使用している。その本は，政治的に有利な立場にあるグループの言語と社会的文脈に焦点を当てている。(中略) 大部分のプログラムが，学習者中心 (people-centered) ではないのである」(ネパール CSS, 1997, p.46)。

CSS からのこれらの引用には，カリキュラムの多様な機能や問題の大きさが示されている。カリキュラムの目的は，明白であれ，曖昧であれ，それを伝えようとしている教科書の知識をはるかに超えてしまっている。より広いカリキュラムの文化的な観点から，アガーワルとハーディング (Agarwal and Harding, 1997b) は次のように述べている。

　　「学校が文化への入り口で，単に文化のための準備の場でないとするならば，次のことについて継続的に繰り返し評価し続けなければならない。それはすなわち，若い生徒自身の彼ら／彼女らの力の概念について (彼ら／彼女らの働きかける力は，彼ら／彼女ら自身の才能によって開発される)，また，在学中も卒業後も自己をとりまく世界にうまく対処できるという生徒の自覚的な変化 (彼ら／彼女らの自尊感情 (self-esteem)) についてである。私たちは，しばしば，『パフォーマンス』というフォーマルな規準と，制度としての教育に対する官僚的要求に余りにも占められるようになってしまって，教育のパーソナルでヒューマニスティックな面を無視している」。

教育システム，教育学の理論あるいは国家の教育政策は，生徒の自尊感情を育むという学校の役割を促進することはなく，その根本的な機能の 1 つを果

たすことに失敗している。アガーワルとハーディング (Agarwal and Harding, 1997b) は，サブサハラ・アフリカや南アジアの事例を根拠にして，**学習者のコミュニティ**というアプローチがパフォーマンスと自尊感情の向上に寄与できるという見解を支持している。学習者のコミュニティでは，教員，コミュニティ，そして生徒が皆学習者であり，教授活動という行為はこの共有された学習活動から進化するのであり，そして，社会的文脈において個々人による意味の交流によって知識が発生するのである。

第4節　教育ガバナンス，運営，学校組織

　教育ガバナンスと運営の変化はあるものは大きく，またあるものは小さいが，ほとんどの **DMCs** で起こっている (Adams, 2002)。中央，州，地方教育当局の役割は変更されつつある。学校レベルでは，運営の役割は再検討されており，学校とコミュニティの新たな関係によって，学校教育という組織の再定義が行われている。変化の一般的な方向は，中央政府がもつある種の伝統的な責任の委譲，教育官僚機構のより低いレベルにおける責任の増大，学校＝コミュニティの関係における新たなレベルの探索を反映している。

　CSS では，これまでに起きたいくつかの変化について報告されている。

(i) 　パプア・ニューギニア
　　「教育へのコミュニティ参加はパプア・ニューギニアでは長い歴史がある。政府からの補助金によって労働力の形成と地元固有の教材を作成するうえでのコミュニティの貢献によって，最低限のコストでそのような便宜は実現可能となるだろう」（パプア・ニューギニア CSS, 1997, p.24）。「州レベルに教育の補助金の責任を委譲することによって起こったように，州に分配機能を委譲する計画によって，今よりもさらなる悪化が引き起こされる内在的なリスクがあると

いう見通しが高まっている」(p.47)。

(ii) **パキスタン**

「教員のリクルートや学校設立の場所を選定する権限など,日々の学校運営については,地区の教育当局とコミュニティに委任されている。また,コミュニティの巻き込みと動員を確保するために,村落教育・学校運営委員会 (Village Education School Management Comittees) を全4州に設置している」(パキスタン CSS, 1997, p.42)。「コミュニティの人々に彼ら／彼女らがどのような役割を果たすことができるのかについて知らせる『広範な研修プログラム』を通して,草の根的な構造を強化することを計画は求めている」(p.44)。(中略)「地方では,それは余りにも楽観的であるため,コミュニティが小学校の運営に参加するように組織化され,動機付けられていくことは期待できないだろう。したがって,コミュニティ・ベースでの運営が実行される段階に到達するまで,いくつかの州の機能をコミュニティに委譲するという試みはかなりの時間を要するであろう」(p.47)。

(iii) **中華人民共和国**

「1980年代後半から,都市部ではコミュニティの教育委員会が,地方コミュニティでは保護者委員会が設立されてきた。この保護者委員会は,学校を運営するための助言組織であり,コミュニティのすべてのセクターに教育発展を支持するように促している」。地方分権化の難しさは,様々な学校が不均等に発展しており,設備とリソースが乏しい学校に対してしっかりしたサポートができないという問題にも表れている (中華人民共和国 CSS, 1997, p.30)。

(iv) **ネパール**

1951年から1971年の間,ネパールの教育は地方レベルで始まり,運

営され，資金調達された。そのため，「教育機関の所有権を国民に再び委譲する戦略を考案する必要がある」（ネパール CSS, 1997, p.61）。「視学官は区や地域の教育局で任命されているが，(……中略……) それでも規則的かつ効果的な学校の視察は十分ではない。コミュニティが教育に対して協力的でない〔のは〕，特に非都市部で，教育がレリバンスを欠いているからである。農業生活から都市生活に移るにつれて，〔教育のレリバンス〕は増えていくようである」(p.47)。

(v) キルギス共和国

1991年の独立を皮切りに，伝統的に中央集権的に統制されてきた教育システムから脱けだす運動が起きている。「中央政府が1990年代初頭に，地域・地方政府に教育システムの財政と運営を委譲した際には，地元の予算とリソースにはそれほどの負担を抱える準備ができていなかった。そのため，地方政府は教員に給与を支払うことができず，南部では教員ストライキが起きた。(……中略……) さらにその大混乱の中，多くの専門的能力の高い教員が教育の現場から去っていった」。(……中略……)「しかし，1996年には教育システムが中央政府からの支持を再び得ることになり，立ち直りを見せた。現在の割合で言えば，〔資金の〕70％が地方政府から，そして30％が中央政府から供給されている」（キルギス共和国CSS, 1997, p.40)。「教員，学校長，保護者は，個々の生徒の多様な能力と才能にかみあうような教授法の選択を促すことにより，教育の質を改善するために積極的に協働し始めている」(p.50)。

これまで述べてきたようにDMCsが直面している問題は，教育の地方分権化に伴って起こり得る事柄のレンジを示している。特に中央集権化された教育の統制下では，シニアの政策決定者，管理者と，生徒のアウトカム，あるいはそのほかの質的なインジケーターとのリンクは，学習環境への直接的な影響によ

るというよりはむしろ，リソースの配分や基準の確立による，たいていは間接的なものである。しかし本書では，ガバナンスと運営についての基本的関心は学校レベルにあり，さらに，地方分権化のいくつかのパターンにおいて，それはかなり重要なものとなっている。

　教授活動，学習活動，効果的な学校にとって，強力な学校運営が重要であることは十分証明されている。キルギス共和国のCSSが指摘しているように (1997, p.50),「よい教員ではあるが，専門的な運営者としては能力の乏しい者を採用した場合には，よくない結果になる」。しかし，現場ベースでの運営の実験が，しばしば教授＝学習活動に重要な変化をもたらさないことがある。また，目に見える変化が，近隣校やライバル校に常に受け入れられるわけでもなく，(新たな変化を導入するための) リーダーシップは長い年月をかけて，様々な擁護者を必要とするのである。つまり，ここで得られる教訓とは，学校レベルでの改革の努力はもろいものであり，コミュニティや地域の支持によって増強されなければ，続かないだろう，ということである。

　校長は，一般的に教育の質にインパクトを及ぼす次の4つの領域に責任を負う。(i) 学校運営 (例えば，教科書が利用可能であることを保証すること), (ii) 学校と省庁のコミュニケーション (例えば，ナショナル・カリキュラムが現場の教員にとって利用可能であることを保証すること), (iii) 学校＝コミュニティの関係 (例えば，学校のための資金集めを行うこと，新しい教授戦略のために親の支持を確保すること), (iv) 指導の視察 (例えば，校長による「内部視察」を実施すること)(Chapman, 2002)。さらに，学校レベルの運営者は，以前は教育システムのより高いレベルで対処されていた責任を負うことが，ますます期待されるようになっているため，アジアを通して広がる，より大きな地方分権化の動きは，校長をさらに重要な地位へと押し上げてきている。残念なことに，これらの新たな責任を負うのに十分な準備ができている校長はほとんどいない。

　今や域内の実質的にすべての国で，様々な程度で起こっている地方分権化への動きは，より多くの責任を校長に移している。まず間違いなく教育管理者の

グループはそれを受け入れる準備をほとんどしていない (Chapman, 2002)。その結果，校長は以下の３つのイッシューに直面する。

(i) 多くの校長は，このチャレンジすべき課題に応じるための研修やバックグラウンドを欠いている。アジアのほとんどの地域にわたって，地方分権化された学校運営がよいアウトカムをもたらすべきであるならば，しっかりした支持と研修が必要とされるだろう。学校で校長がそれを具体的な行動に移すことができなければ，地方分権化のもつ教育的価値は大いに損われる。

(ii) 地方分権化によって，学校とシステム運営者の側に透明性 (transparency) と説明責任 (accountability) に関して，コミュニティからより一層大きなプレッシャーがかかることになるだろう。これらの管理者はこれが意味するものを理解すること，どう応じればよいのかを理解することにおいては限られた経験しかもっていないだろう。

(iii) 地方分権化によって意思決定をコミュニティに再び移すならば，それは，教育改革を奨励するかもしれないし，あるいは抑制するかもしれない。しかし，多くのコミュニティは保守的であり，教材，教授法やテストを善意で変更したとしても，かなりの抵抗を生じさせることがあり得る。彼ら／彼女らは生徒が何を学ぶべきか，教員がどのように教えるべきか，さらに学習活動はどう測定されるべきかに関する新たなアイディアのために子どもたちの将来を危険にさらすことを望まないのだろう。保護者と教員は変化を，アドバンテージのバランスを脅かすものと受け取るかもしれない。既存のシステム下でうまくやっている人は，彼ら／彼女らのアドバンテージを不確かにするような変化には抵抗するかもしれない。

第3章　教育の質を改善するための政策や戦略

　効果的な政策や戦略は，教育の質の維持や改善のために，すべての管理レベルや意思決定レベルで展開され得る。前章で述べたように，特定の社会的，経済的文脈によって，また対象とする教育機関の発展段階によって，戦略を変える必要があるだろう。そのような状況であれば，質に関する有効な国策がとられる可能性が排除されることはない。ただし，このことは学校レベルとコミュニティ・レベルでの分析が極めて重要であることを強調している。

第1節　システムの変化と改革

　この10年においては，アジア諸国は，学校教育や教員の態度を変化させることに力を尽くしてきたが，その多くは中央政府によって展開され，管理される国家計画と指示に依存していた。高度に統制された行政環境や同質的な文化圏内では，時々望ましい変化が起きることもあった。しかし多くの場合，そのインセンティブは不十分で，改革や再構造化のプロセスは余りにも複雑すぎた。多くの場合，変化は一時的なものだった。アジア諸国での教育の質を改善するための最近の試みには，時には国際機関と連携しながら，すべての管理レベルと意思決定レベルでの政策と戦略がしばしば含まれている。

■政策1．中央の政策と計画立案環境の強化

　DMCsでは，教育政策と教育計画の立案は地方分権化されているので，新たな機能と責任については，政府のすべてのレベルが担っていることになる。それでも，中央政府のリーダーシップ，専門性，財政的サポートは，教育の質を改善するためには依然として非常に重要である。さらには，ADBが相対的なアドバンテージをもっていることの根拠の1つは，政策ガイダンスを実施し，政策環境の効率に寄与する可能性を秘めていることであるとした。もっと明確にい

うと，ADBとその他の機関は，情報を共有することができるし，個々の能力と組織的な能力とを構築することができるし，情報・コミュニケーションのシステム・ネットワークの発展に寄与することができるということである。

戦略：
・教育の質的改善を政策的対話の一部とするための，公的関心や政治的サポートの動員

　質を高めることにより，卒業までのサイクルが短くなり1人を卒業させるためのコストが削減されるならば，結局のところ，学校教育に影響を及ぼす質的な介入に必要な資金を，自分で調達することができるという見解もある (ADB, 1996)。しかし，教育変動は短期間で結果が得られるものではなく，したがって政府や国際機関にとって好ましい投資対象ではない。さらに，質的な介入はしばしばそれ以上のリソースを必要とするため，その取り引きで損をする人達は，質的改善を，彼ら／彼女らが価値をおくものからみて2次的なものとしか見なさないだろう。つまり，教育の質的改善は，技術プロセスであると同様に政策プロセスなのである。質を改善するための最初の行為として，国民に情報を与え，よりよい教員を採用し，コミュニティを巻き込むための国家キャンペーンが必要となるだろう。コストが極端にかかるのでなければ，より質の高い学校を求めることは広範な支持を得ることのできる主張になり得る。

・地方分権化というパターンを通して展開する，制度とプロセスのキャパシティ・ビルディング

　アジアの地方分権化の波によって，資金調達や質的統制の問題は，これらの問題を効率的に扱う準備がほとんどできていない個々人へと移されることになるだろう。学校の質をいかに高めていくのかということについては，教員，校長，そしてコミュニティのリーダーの知識とスキルを開発することが，これからの10年の主要なチャレンジすべき課題となるだろう。目下のところ，中華人民共和国

のように，教育責任の権限委譲が進んだ国々で，その大規模な研修の努力が積み重ねられている。そしてこの努力はインドネシアのように地方分権化の初期段階にある国々でも始まっている。しかし，効果的な教育の地方分権化のために先行する条件は，地方政府の能力であろう。インドのパンチャーヤット・ラージ (Panchayati Raj) の先駆的試み (訳注) は，国家改革の例である。この例が示すように，国家改革は地元参加型のガバナンスを強め，地元の学校を再生させると期待される，継続的な社会セクター改革にとって中心的なものと考えられる。

訳注)
  1993年の憲法改正にともない，都市部では市町自治体 (municipalities)，農村部では3層制 (地区・ブロック・村) の農村自治体 (panchayati rvaj institutions) が発生し，これらの地方自治体が地方行政を担うようになった。
  京都大学大学院教育学研究科院生 小原優貴氏のご教示による。

・中間レベルの管理の再構造化

いかに協調して計画された中央政府の行為によっても，国家政府が学校の質に影響を与えることの困難さが増大しているために，地方分権化は質にマイナスのインパクトを及ぼすことになるかもしれない。(したがって)，学校レベルの質をアップグレードするために管理の中間レベルを巻き込むことは，極めて重要なこととなってくるだろう。この中間レベルは，地元の行為についての情報を上層に届けたり，国策についての情報を下層に届けたりして，頻繁に門番としての役割を果たしている。州レベルや地区レベルでの新しい機能には，以下の機能が含まれるだろう。(i) コミュニケーションとネットワーク交流を促進する，(ii) 視学官と視察をより一層活用する，(iii) 学校レベルから送られてきたデータの解析結果を学校にフィードバックする。

・新たな役割に対する運営者研修の実施

以下の2つの仮説が，教育の質に関する多くの議論を貫いている。(i) 教員の

質が, 仮に教科を教える能力, 教育学的スキル, インテリジェンス, 感情移入の能力, 芸術的手腕によって定義されるとすれば, 生徒の学習活動に潜在的に強い影響力をもつ, (ii) 教員の質は, 特定の学校の条件によって育まれる。学校の条件とは, 例えば, (a) 学校改善, 計画立案や問題解決におけるチームワークとコラボレーションを管理者が奨励すること, そして (b) 革新的な実践をリスク覚悟で行うことである。

　ローカル・コミュニティと学校が, 教育の質に関する計画立案と行為の多くにおいてとても重要な要素になっているとすれば, 校長の役割も急激に変わることになる。その役割は, 伝統的には, 管理的統制のメンテナンス, 管理的ルーティンのパフォーマンス, そして問題解決の諸規準 (rules) に対するコミットメントである。新たに加わった校長の役割には多様な目標が含まれており, 例えば, 変化を促進することに焦点づけること, コミュニティの教育努力を動員すること, 評価と専門的な情報資源の活用, 教授法の視察がある。

　有益な事例を提供しているのは, フィリピンの研修プログラムの焦点である。この研修プログラムは, 地方分権化のために学校運営者を準備し, 地方分権化によって校長という地位に課せられた目に見えない新たな要求を示している。研修プログラムは, ルーティンの管理的タスクに向けられた研修と著しく対照をなしており, 次のような領域も含んでいる。すなわち, 変化のマネージメント；指導のリーダーシップ；コミュニケーションのマネージメント；危機のマネージメント；問題解決, リソースの調達；地方分権化, パフォーマンスの説明責任 (accountability), 価値の展開, 物理的施設のマネージメント, そして管理の規律 (discipline) である (フィリピン政府, 1996)。

・辺境地に対する質の高い教育の配給

　いくつかの国では, いかなる許容できる形態においても, かなりの人々が基礎教育へのアクセスがなされないままである。学校教育への不平等なアクセスの問題には, 女子だけではなく, 地方と都市の貧困層, 言語的・民族的マイノリ

ティ，そして遠隔地の人々も含まれている。この状況は，ブータン，中華人民共和国，インド，インドネシア，ネパール，パキスタン，そしてインドネシアやフィリピンのいくつかの島嶼部において特に顕著に見られる。これらの人々により一層の教育機会を提供することは比較的コストがかかることになるだろうし，万人のための質の高い教育 (quality education for all) を提供することに対して政府と国際機関双方がコミットすることの重要性が試されることになるだろう。

表Ⅱ-12は教育関連の政策であり，これは，辺境地での業務の際のあり得るニーズと関心を明らかにしている。これらの政策は，南アジアと東南アジアを通して，教員開発に対しておおむねレリバントであるが，特に地方や遠隔地において重要である。表Ⅱ-12で見られるいかなる勧告についても，その実現可能性と許容可能性は，コミュニティによってかなり異なる。

表Ⅱ-12 辺境地での業務に関する教員のニーズと関心に焦点を当てた諸政策

教員のニーズ／政策領域	経済的配慮	組織的サポート	専門的能力の開発	社会的配慮
教員の採用	・辺境地の教員の基本給を都市部と同じにする。 ・教育の困難な地域で教育活動に従事する教員に対して，給与面で優遇し，かつ／あるいは特別手当を支給する。 ・コミュニティの中で，教員になろうとする，有能な地元の若者にインセンティブを与える。	・教員候補者を地域独自に採用するためにコミュニティ＝学校協議会を発展させる。	・地元の教員養成機関の新入生に対して，助成金を受けた新規養成教育を実施する。(例えば，知識の伝達や特別なチュータリングなど) ・地元で採用された教員に対するスクール・ベースの教育／資格のためのプログラムを開発する。	・教員の社会的地位と社会的認識を高めるためのプログラムを開発する。 ・すでに言語と文化に精通している地元の生徒を教員として採用する。

教員のニーズ／政策領域	経済的配慮	組織的サポート	専門的能力の開発	社会的配慮
教員教育	・辺境地からの新規採用者の新規養成教育に助成金を支給する。 ・資格を獲得する／アップグレードするためのコースに教員が入ることに対して助成金を支給する。 ・教員教育と, 資格, 昇給, 昇任, 雇用の保証を関連づける。 ・現職教員教育のコストを助成する。	・教育のリーダー／視察者として校長をエンパワーし訓練する。 ・教員を遠隔教育プログラムにおいてグループに登録し, 相互にサポートできるようにする。	・教員の新規養成教育が, レリバンな言語指導, 学校＝コミュニティの関係についての授業など辺境地の教育活動の諸問題をカバーする。 ・いくつかの教育実習活動を辺境地の学校で行うことを維持し, また辺境地の学校での教育実習活動をシミュレートできる状況においてそれを行うことを維持する。	・教員が家庭生活にあまり支障をきたすことなく教員資格をアップグレードすることができるように, 遠隔教育・通信教育プログラムを活用する。
教員の配属	・辺境地の教授活動に従事する教員に対して, 昇任に向けて特別な資金を貸与する。	・教員候補者を選抜するのに学校＝コミュニティ協議会を活用する。活用することによって, 新任教員に対してモニタリング, フォローアップ, 役割への方向付けができる。 ・辺境地で採用され, 辺境地で業務につくための研修を受けた教員が実際にそこに配属されることを確実にするための組織的なメカニズムを創設する。	・(困難な状況下での複式教育の訓練と業務を含めて) 教員に任務を割り当てるのに先だって, 辺境地での教授活動に対する特別な事前準備を提供する。	・社会的に孤立しているというイメージを克服する方法を開発する。 ・夫婦そろって教員である場合に, 夫婦を一組にして配属することを支援する戦略を開発する。 ・教授活動に関する契約の一部として助成金を受けることのできる住居を提供する。 ・遠隔地への移動コストをカバーする。

教員のニーズ／政策領域	経済的配慮	組織的サポート	専門的能力の開発	社会的配慮
教員の引き留め (retention)	・時間外労働／準備への残業手当を支給する。 ・機械的な昇任システムの運営を改善する(ボトルネックとなっている文書業務を除去する)。 ・教員の福利厚生／給与へのコミュニティの寄与を高める。	・同僚によるサポートとグループでの問題解決のためにスクール・クラスターとあるいはワーキング・グループを組織する。 ・教員を，学校カリキュラムと現職教員研修プログラムの共同開発者としてエンパワーする ・コミュニティに対して教員への支援と外部からのインストラクター招聘を請願する。 ・教員に対してコミュニティが特別な認識をもつように促す。 ・リソース(例えば教科書)の供給と分配に地方分権化したシステムを活用する。	・(遠隔教育や通信教育を通して)教員教育／教員のアップグレード・コースへのアクセスを提供する。 ・辺境地の教員のニーズに対して，レリバントな現職教員研修を実施する。 ・教員自身の現職教員研修の計画立案と実行に教員／教員グループを巻きこむ。	・住宅助成金を維持する。 ・学校周辺に居住していない家庭への臨時の「家庭訪問」のコストをカバーする。 ・家族に対する健康のケアや教育を支援する。

出典：Tatto, 1997, pp.161-162

■政策2：うまく計画されたカリキュラムの開発と実施

　DMCsにおける教育の質を改善するためのおそらく最もシンプルで最も費用のかからない措置の1つは，10年以上かかるだろうが，すべての教員が，彼ら／彼女らが教える学年のためにうまく計画されたカリキュラムと，それに準拠した教科書をもち合わせることと，その活用法を知っていること，これらを確実にすることである。新しいカリキュラムとそれに伴う変化を実施し調整するための1つのアプローチは，地元の管理者と教員からのインプットを有する国家と州の当局によって準備された国家の教授戦略によるアプローチである。これには教授時間，教材開発，校長他の教育サポートの役割，これらの用法に関連した一連のガイドラインとアクション・プランが含まれているだろう。

戦略：
・教科書を含むが，それだけに限定されはしない効果的な学習教材の開発と普及

　教科書とそれをサポートする指導用教材が，特に多くの教員が無資格であるか，または適切な資格をもたない国では，生徒の学習活動の向上のために単一の最も重要なインプットと広く考えられてきた。教科書は，カリキュラムの内容を表し，それを一定の順序に配置し，そして，整調する。したがって，よい教科書が教室で効果的に使用されたとすれば，それによって教員の準備不足を部分的にせよ補うことができる。多くのDMCsにおける問題は，教科書と指導教材の開発，普及，そして活用といったすべての段階に存在する。さらなる問題は，教科書の生産と分配の見通しをたてるためには，しばしば教員養成に，より注意を払う必要があることである。なぜならこの教員養成には計画立案と予算作成の段階において非常に頻繁に見落とされている追加コストが発生するからである。

・価値があり，また信頼性の高い試験システムの開発と施行

　開発途上国においても先進国においても，教育改革者のよく発する主張は

次の通りである。すなわち、ナショナル・カリキュラムと統合されている国家試験システムを改善することが、教育の質を改善するうえで重要な、おそらくは鍵となる戦略である、ということである (Capper 1994; Lissitz and Schafer 1993; Mitchell 1992; Murphy, Greaney, Lockheed, and Rojas 1996; Popham 1987, 1993)。例えば、世界銀行 (1991) が論ずるところでは、パキスタンでは、国家試験システムが改善されるまでは、学校教育の質を高めるために計画された他のいかなる投資 (教員資格、カリキュラム、教材、教授法、設備、物理的施設の変化) も、永続的な改善にはなりにくいということである。原則として、国家試験システムによって (i) 質を高めるための投資が成果をあげることを保証すること、(ii) 質が低いままである地域を特定してリソース配分と矯正のターゲットを絞ること、ができる。国家試験を実施する一般的な意義は、生徒の学業達成を大規模かつ客観的に検証することにある。客観テストは業績＝成績に基づいた教育システムの礎石と考えられている。原則として、このような試験は、生徒のパフォーマンスを測定する際に、縁故や家庭の裕福さ、えこひいきなどの直接的な影響を最小化することによって、機会の配分における競争の場を平等にするのである。国家試験システムの支持者は、試験は個々人を比較するうえで最も公正な手段であると主張する。なぜなら、試験においてはすべての受験者は同一のタスクを与えられ、受験者のアイデンティティとは関係なく得点がつけられるからである。さらに、1人当たり比較的低いコストで、諸個人からなる大グループを比較する手段を提供してくれるからでもある (Chapman and Snyder, 2000)。おそらく最も重要なことには、いちかばちかの国家試験は、システムの中央レベルで統制されているにもかかわらず、教室レベルにも直接インパクトを与えることができる、教育システムの数少ない要素の1つである。

しかし、いろいろな利益はあるけれども、ほとんどの国での試験システムの開発の手順は、労働集約的で、費用がかかり、時間もかかる。このような試験は、生徒の成長のいくつかの重要な領域を評価しない。国家試験の項目の内容とタイプはすぐに変わるものではない。さらに、学校に新たな教材や教授活動の実

践が導入される場合, これらの試験の範囲からはずれた指導になることもあり得る。その結果, 生徒はディスアドバンテージを被り, 保護者を怒らせることになる (Fuller and Holsinger, 1993)。社会内でアドバンテージの配分を変化させるような, 試験のいかなる変化も, アドバンテージが失われると考える人々の逆鱗に触れがちである。したがって, テストの手順は, サイコメトリクスと同様に政治によっても影響されている。

・万人のための質について国家のガイドラインと基準の確立

　規則的・体系的に学業達成をモニターするというイッシューには, もっと差し迫った注意が向けられるべきである。個々の子どもの基礎能力 (基本的な学習能力) の習熟度を継続的に評価し記録を採るという戦略は, 長い時間をかけて国家間や国家内で標準化された教育の徹底的検討に加えられる必要があるだろう (Irvine, 1997, pp.28-29)。

　国家的基準というものは, 教授＝学習活動を改善する可能性を秘めた重要な要素である。その基準は, 効果的であるためには, それに伴う教員養成にとって十分な支援リソースをもち合わせなければならないし, カリキュラムと教科書とによく統合されなければならない。このような時間をかけて統合された改革を展開し維持するには, 教員のコミットメントと運営者のイニシアティブが必要である。生徒の学業達成とそのアセスメントに関する基準についてコンセンサスが展開され, その基準が国中すべての学校で適切にあてはめられるならば, その基礎はシステムの変化に向けてのおぜんだてということになっているのである (Adams, 1998, p.37)。教育の国家的基準については, しばしば論争的である。というのも, 測定が技術的に難しかったり, 質の次元や罰の適用に関して見解の不一致が見られるからである。もちろん, このような基準が学校レベルの基準に対するニーズを消滅させることにはならない。

■政策3：調査，革新的な試み，開発の強化

　調査は実践に先行する。質の高い教育を確立し維持する条件と要因については今日では多くのことが知られているが，教育政策と教育実践が，調査がもたらし得る洞察によって活気づけられることはめったにない。すべてのCSSは，活動的な調査ユニットを，教育官僚機構の一部またはそれと提携しているものと報告している。国立リサーチ・センター (National Research Center) は，教育の質を改善するための調査と開発プログラムの調査，実施においてリーダーシップを取ることができる。国立リサーチ・センターは，教育の質について既存の調査や模範的な実践についての戦略的なインプリケーションに関する情報を広めること，学校の質をモニターするため学校レベルでの計測方法の開発を援助すること，教育インジケーターを改善する国内または国家間での努力の展開に参加することもまた可能である。

戦略：

・ガバナンスから学び変化に財源を割り当てる

　DMCsでは，教育ガバナンスと教育への財源の配分のレンジが成長し続けている。これらの改革と革新的な試みから，これからの10年間に，方向性をあたえるような洞察を得ることができる。増大しつつある民営化のトレンドはその適切な事例である。

　民営化は多くの利益をもたらす可能性がある。教育の分配における民営化は，今日アジアで広がりつつあり，教育にとって利用可能なリソースの総量を増やすことができる。民間による運営は柔軟性に富むから，より質の高い学校教育をもたらすような革新につながるかもしれない。コスト・シェアリングは，教育事業におけるパートナーシップの感覚を高めることに寄与するだろう。その結果，質に影響を及ぼすだろう。しかしまた，家族の経済的負担が増えるために，民営化はドロップアウト率をより高めることにも寄与するだろう。さらに，貧しい地域に暮らす保護者は，他の地域に暮らす保護者ほどには学校に貢献でき

ないために，地域間の不平等を広げることに寄与するだろう。かつてソビエト連邦に属していた国々や南アジアの一部に見られるように，民営化は，新たなあるいは広がりつつある政策的選択として，繰り返しモニタリングされ，評価されるべき改革である。これらをフィードバックすることは，新たな官と民のパートナーシップにつながるだろう。民営化という言葉が意味しているところは，政府がすべての子どもや若者に質の高い教育を供給しようとする際に，必ずしもリーダーシップの役割を手放すわけではない，ということである。しかしながら，1つの重要な問題は，政府が経済的にサポートをしない学校において，政府がいかに教育の質に影響を及ぼすことができるかということである。例えば，半数の小学校とほとんどすべての中学校が政府ではなく民間から資金調達を受けているバングラデシュでは，政府には，質的改善の活動へと導く影響力はほとんどない。中学校の資金調達と運営の多様性が拡大するにつれて，いかにして中央政府が地域の学校改善を奨励することができるかは未知の領域である。

・学校レベル，教室レベルでの試行の奨励

　調査と経験の示すところによれば，学校のビヘイビアと教授＝学習プロセスについて学ぶべきことが多くある。コミュニティ・レベルと学校レベルで，成功例と失敗例を検討することによってより多くの洞察を得る必要がある。知識が不足しているのであるから，新しいカリキュラムと新しい配分メカニズムを継続的に試行していくことが重要ということになる。最も貧しい国と最も貧しい教育システムとは，ほぼ間違いなく，最も革新的な試みと対費用効果の高い教授＝学習活動を必要とするのだが，このような目的のために投資する財政的・人的リソースをほとんどもち合わせていないことが1つの問題である。

　開発途上アジアの至る所で，質を改善すること，コストを削減すること，あるいはその両者を意図した代替的な組織構造が試行されてきた。例えばフィリピンでは，新たな設備に対する需要を減らすために，移動教室を広く活用して

きた (Miguel and Barsaga, 1997)。カンボジア，インドネシア，タイでは，リソースの乏しい学校を，より中心に位置し，より豊富なリソースをもつ学校に結びつけることによって，効果的なクラスター・スクールの配置を制度化してきた (Irvine, 1995)。パプア・ニューギニアでは，教員養成機関の再組織化をかなり試みた (Avalos and Koro, 1997)。カザフスタンでは，中央省庁の規模をかなり縮小している。いかに質を改善しつつ，資金を節約する (少なくともコストの増大を抑える) かによって，それぞれのイニシアティブは，正当化されるのである。

・学習プロセスを改善するために役立つデータの収集と加工

　典型的には，教員や生徒について学校レベルで集められたデータは，より高いレベルで管理するための管理的意図と計画立案の意図のためである。時折，校長に自分の学校の効率について知らせるために，区，州，国家レベルで分析されたデータが学校へフィードバックされる。学校の管理においては，フィードバックそれ自体は有効であるかもしれないが，いかなる直接的な方法においても教授＝学習プロセスに影響を及ぼすことはない。おかしなことに，教室での教授活動に情報を与える情報システム——あるいは一連の情報のフロー——は，むしろ非公式のものかもしれない。アダムスとボディオノ (Adams and Boediono, 1997, p.248) によるインドネシアの調査は，「指名された，学問分野に造詣の深い教員，現職教員研修のインストラクター，そして教室の教員から構成されている，州レベルから学校レベルへと広がる，ゆるやかに組織された一連の教育学的・学問的な専門的知識」について描いている。したがって，教授＝学習プロセスに最も直結している情報のフローは質的になる傾向があり，しばしばインフォーマルなコミュニケーションの一部となる傾向がある。

　リサーチ・センターは以下のような2つの基本的タイプの情報を定義し，さらに分析する助けとなり得る。その2つとは教育の質の改善のために学校レベルでの計画立案に必要とされているものである。

(i) **学校文脈についての情報**

通常の学校の人口統計学に加えて，学校での実践を改善しようと試みるならば，学校運営と教室でのダイナミクスにインパクトを及ぼす内的・外的な学校環境のそれらの特徴についての情報と分析が必要となる。教育環境は，リソースや他の学校インプットによってだけでなく，学校アウトプットやアウトカムによっても多様である。加えて，コミュニティと学校は，情報活用の社会学，政治学においても多様である。文脈に関するデータは，盲点を明らかにするのに役立つように用いることもできるし，「どういう方法でこの学校実践は作用するのか？」という問いに答えるのに役立つように用いることもできる。

(ii) **教育と学習活動についての情報**

もし情報システムが学校実践の改善に寄与するとすれば，少なくとも教員が，何をすべきか，何を考えるべきかを決めるのに情報システムは役立たなければならない (Sarason, 1971)。チャップマンとメルック (Chapman and Mählck, 1993) が結論として導き出したように，教員が生徒に何を達成することを期待しているのか，現在そして将来どれほどの教材が利用可能であるのか，教員は何を教えることが期待されているのか，そして，最も効果的な教育学的実践とは何かということについて教員は情報を必要としている (そして教員は彼ら／彼女ら自身が情報源である)。

第2節 より効果的な教員と教授活動の開発

教員は，質の高い教育を達成し，維持するうえで中心的な役割を果たすことから，政策と戦略に関して特に注目される。イッシューと感度の高い戦略の中

にはあるレベルの教育や，あるいはあるタイプの機関にしかあてはまらないものもある。しかし，他方，初等教育，中等教育，高等教育のすべてのレベルにレリバントなものもある。

　十分に資格をもつ人材を教員に採用し，彼ら／彼女らにレリバントな研修を実施し，効果的なジョブ・パフォーマンスを示すためのインセンティブを与えることは，教育を改善するというDMCsの目標にとっての第一歩である。多くのDMCsに共通の問題は，教員が低い地位のキャリアと考えられていることである。さらに十分に資格をもつ教員は，他のセクターでの経済活動においても雇用機会の選択肢が増えるだろう。結果として十分に資格をもつ人員を教員に採用することはより困難になりつつあり，この問題は近未来に変化することはなさそうである。教員給与が生活に必要な最低限の額に近いような南アジア諸国，東南アジア諸国のいくつかの国では，教職を他の雇用機会と比較できる程度に給与をかなり増加させることだけが，採用される教員の数と質に劇的なインパクトを与えるであろう。要するに，このような状況では大きな差異を生み出すことのできる劇的な要因はほとんどないということである。教員の職業生活と勤務条件との質を高めるようなより小さな調整策が実施される時にのみ，教員採用をめぐる状況は改善されるだろう。

■政策1. 教員の教職へ向けての準備と資質向上の強化

　おそらく教員に対し実行し得る研修プログラムに関しては，そのような研修が実行され評価されている特定の国の少数の教員と他の教育プロフェッションが最も鋭い洞察をしている。不幸なことに，地域，時には国でさえも，そのような経験が必ずしも普及しているというわけではない。質を改善し維持する戦略と政策は，質という言葉の意味がどのように想定され，どのように解釈されるかによるだろう。しかしながら広範囲にわたる学校の効果と効果的な学校に関する研究から引き出される知見によれば，教員，校長，あるいはスクール・クラスター・レベルの革新のための現職者の学校ベースの研修プログラムがその

一部になるということである。教員と教授活動の質を改善するすべての政策は，学校教育の改善のための，あらゆる既存の教育政策と戦略とに統合される必要がある。

戦略
・教員の準備の再構築

　教員の準備の改善と資質向上のための典型的な戦略には，新規養成研修の際に受ける普通教育の期間を延長すること，新規養成研修期間中の教授スキルを開発すること，継続的な学校ベースの現職研修を維持することなどが含まれる。しかしながら，教員研修の質を向上させることは，世界のいたるところで，すでに教育の質的改善のための最も流行している戦略である。同時に教員研修は国が試みることのできる，最も経費のかさむ政策的・戦略的介入の1つである。ラオスでは，教員研修機関にかかるユニット・コストは通常の中学校のおよそ7倍になる (Mingat, 1996)。世界中を見わたすと，教員養成カレッジでの生徒1人当たりのコストは中等普通学校の25倍にさえなることがある。研修にかかる経常支出 (リカレントコスト) は，今でもすでに高いのだが，プログラムの期間が2～3年にのびると50%増大することになる (Fuller and Holsinger, 1993 ; Lockheed and Verspoor, 1991)。

　現行の新規養成教育の仕掛けはそれほどよい投資ではないようだ。通常行われている現職教員研修プログラムもまた，教員のパフォーマンスにほとんどインパクトを与えていないようである。広く同意されていることではあるが，基礎教育レベルで教えるために，教員になるのに必要な準備には，適切な普通教育 (10年間の中等教育までの段階をすべて修了したのと同程度の) が含まれる。そしてこれもまた広く同意されていることではあるが，効果的な研修プログラムには，2つの鍵となる要素が含まれている。その2つとは，(i) 教員研修と修了生が教えることを期待されるようなカリキュラムとを連携させること，(ii) 指導者や先輩教員による視察を受ける実践の指導である。しかしながら，研修の

プロセスとアウトカムについての合意をほとんど見いだすことができない。より積極的な参加方式の研修を提唱する人々は，鍵となる目的は教員のモチベーションのレベルと自信を引き上げることであるべきだと主張する。南アジアでの地域に特化した研修プログラムの成功が報告されているが，このモデルはよりいっそう実験する価値があることを示唆している。

・**継続的なスタッフ・ディベロップメント**

　教育実習生と現職の教員に対しては，効果的な実践者となるために，教育にあたっての戦略とスキルとを獲得する機会が与えられる必要がある。この方向への動きは，教員研修の組織化に教員をより深く関わらせることには価値があり，学校での教授＝学習活動を校長とともに組織化できるようにするために，教員により高い柔軟性を提供するということである。スタッフ・ディベロップメントは，研修を個々の学校へと委譲すること，そして地方政府とコミュニティ組織がより参加することによって利益を得ているのであろう。そのほかにも，(インドネシアのケースのように) シニアの教員を，他の教員の専門的能力の開発に活用すること，(いくつかの東南アジア諸国のように) 教室により近い場所で研修を受けることを可能にするために，スクール・クラスターのリソース・センターを活用すること，そしてある特定のスキルを獲得することに対して資格と免許とを結びつけることなどの革新的な例がある。

■政策 2. 教員に対するインセンティブの開発

　次の10年間の鍵となるイッシューの中には，よりよい教員へのインセンティブ・システムをデザインすることの必要性がある。新しい，あるいはよりよい方法によってパフォーマンスをあげるように教員を動機づけるために，低コストのインセンティブを明確にすることへの期待は，教育の質とリソースが同時に減少するという苦境に立たされている諸国においてかなり高まっている (Chapman, Snyder, and Burchfield, 1993)。表Ⅱ－13は多くの国で教員のよりよ

いパフォーマンスを促進しようと用いられているインセンティブを強調したものである (Kemmerer, 1990)。表Ⅱ－13にあげられた3タイプのインセンティブの中で，報酬が最も強い関心を引く。

その研究の強調するところによれば，満足できる給与のレベルにまで達した後には，労働生活の全体的な質が，他のいかなる特別な報酬よりも，教員を動機づける重要な要因であるということである。したがって，今後チャレンジされるべき課題は，様々な便益をいかに組み合わせれば効果的であるかを明確にし，実行することである。この組み合わせは国によって変化するけれども，何が役立つのかについての情報を国家間で共有することにより，かなりの量の無駄な努力が省かれることにもなる。

戦略
・現実的なインセンティブの導入

実際問題として，インセンティブ・システムを管理(operate)することは6つの理由により，驚くほど難しい。第1に，効果的であるためには，報酬は直接的にそして直ちに望ましいビヘイビアと結び付けられなければならない。多くのDMCsにおいて授業の視察は，学校それ自体の外部の視察者(例，地方教育官僚，視学官)の責任であり，その結果，報酬とビヘイビアの結び付きはしばしば緩慢で，実施されるのが遅すぎる。第2に，インセンティブが教授活動の改善を引き起こすことができるという信念は，教員が通常示しているよりも，よりよい教育学的実践をなし得ると仮定している。しかし，その仮定はそれぞれの文脈において検証されているというわけではない。もしかしたら教員はすでになし得る限りの最善を尽くしているのかもしれない。おそらく教員は報酬に感謝するであろうが，それらの報酬がどのようにして教員のより高いパフォーマンスを引き出すのかについてははっきりしていない。第3に報酬というインセンティブの価値は時により変化する。報酬が広範に受け入れられている場合には，報酬は(ごく一部の教員が受けることができ，大半の教員には関係ない特

権的なものではなく)多くの教員にとって期待できるものとなり，この傾向が昂進すれば最終的には報酬を受けることは多くの教員にとって権利となってしまう。こうなるとインセンティブを受け取ることができなければ，ある意味でそれは懲罰と考えることさえできるし，インセンティブによって支えようとしていたまさにそのモラールを逆に損ねることもあり得る。第4にインセンティブは受け取ることのできなかった教員のモラールを大きく低下させる可能性がある。研究が示すところによれば，インセンティブが教員の仕事に対する満足度を高め，さらにそれが教員が教職にとどまる比率を改善するかもしれないのだが，しかし，それらは教室での教育活動上のパフォーマンスを必ずしも変化させるものであるとは限らない。第5にすべての革新的な試みにおいて，システムのインパクトには留意する必要がある。チームや学校のパフォーマンスへの報酬が，個人ベースの業績主義的なシステムに優先することがあってもよい。第6に，あらゆるインセンティブのスキームは教員コミュニティ (teaching community) も参加して開発されるべきである。

・給与とその他の諸手当の強化

　教員給与は，基礎教育における経常支出のおよそ90％をしめることもある。財政危機や経済的な落込み，構造調整政策，教育への公的支出の削減策といった状況下では，教員の諸手当と地位は負の影響を受けがちである。教員給与を解釈する際には，ある特定の文脈における教員の相対的稀少性を考慮に入れるべきである。しかしながら，最低限，給与として生活に必要な賃金は支給されなければならない。

　多くの国において，教員給与は公務員給与と結びついている。教員給与を公務員給与から切り離すことはできるのであろうか？多くの研究によれば，これが給与改善への基礎戦略としてのステップとなっている。ファレルとオリビエラ (Farrell and Oliviera, 1993) は，教員給与が公務員給与とリンクされるべきではない理由を3点あげている。(i) もし関連づけられるとすれば，教員給与の改

表Ⅱ－13　教員へのインセンティブのタイプ

報酬			
<u>金銭的報酬</u> ・給与 ・初任給 ・給与表 ・支払いの規則性 ・能力給 ・教材手当 ・住居手当 ・生活手当 ・通勤手当	<u>給与と同種の補助</u> ・無償か補助付きの住居 ・無償か補助付きの食糧 ・小地所 ・低金利ローン ・子どものための奨学金 ・無償献本	<u>福利厚生</u> ・有給休暇 ・病気休暇 ・産休 ・健康保険 ・医療扶助 ・年金 ・生命保険 ・割増勤務 ・追加的な教育の仕事(例,成人教育) ・試験評価 ・教科書執筆 ・開発プロジェクト	<u>ボーナス</u> ・勤勉手当 ・生徒の学業成績に対するボーナス ・学級プロジェクトのための補助金
教育上のサポート			
<u>教材</u> ・教員用指導書 　- 必要な時に 　- 全教科の分野で 　- 適切な言語で ・生徒用教科書 　- 必要な時に 　- 全教科の分野で 　- 適切な言語で ・教室の図表 ・科学備品 ・複製本 ・鉛筆 ・黒板 ・教材の安全な保管	<u>視察</u> ・観察 ・フィードバック ・コーチング	<u>教員研修</u> ・学級運営 ・教材の使用 ・授業準備 ・テスト管理	<u>キャリア形成の機会</u> ・上級教員 ・校長 ・視学官
労働条件			
・学校設備 ・教室設備 ・生徒数 ・生徒の年齢範囲 ・同僚間の関係			

出典：Kemmerer, 1990

革は，公務員給与の改革の一部とされるかもしれない。(ii) 教授活動に対するモチベーションとインセンティブが，公務員の仕事に対するモチベーションとインセンティブと同一ではないかもしれない。(iii) 教員給与を公務員給与から区別することは，教員のキャリア階梯を分けることにもつながる。2番目に人気のある提案は，給与を高度な(公的)資格から切り離すことである。なぜなら高度な(公的)資格によって生産性が向上するという証拠はほとんど見受けられないからである。「ネパールでは，最も高いランクの小学校教員(2年間の大学の教員養成課程を経ている)は，最も低いランクの教員(前期中等教育以上は受けていない者)と比較して60％多い給与を得ている。国によっては最上級の資格を保持する教員は新任教員の数倍の給与を得ている。

第3節　質の高い教育機関の開発と維持

　すべてのDMCsの目標は，体系化された適切な質の教育システムを構築することである。この目標に関連する特定の目的そしてターゲットは，教育システムの発展段階，経済的状況，そして社会的な優先順位の観点から解釈されなければならない。教育システムの個別機関レベル間に相互依存関係が見られるということは，質的改善には統合的なアプローチが必要であるということを示している。

　初等教育，中等教育，そして高等教育の各段階における教育と社会的機能とは，重複している面もあるがかなり異なっている。質的向上に関係するイッシューの多くはすべてのレベルの教育システムにあてはまる。そしてそこには，よく教育を受けた教員を生み出すための研修，技術的に十分な指導，パフォーマンスに報いるインセンティブ，アルバイトへの従事を減らすだけの適切な給与，適切な教材，スタッフ・ディベロップメントの継続，職員の生産性の増加，教授活動をサポートするようにデザインされたマネジメントとリーダーシップ，

国と機関による諸基準のモニタリングなどが含まれている。さらにすべてのレベルにおける質的改善は，他のレベルでの変化をサポートすることと相互に関係しており，少なくとも間接的に依存している。教育を質的に改善するには，教育システム全体の行動を考慮しなくてはならない。

■政策1．すべての子どもたちと若者に対する基礎教育を通じた，質の高い就学前教育の統合的なシステムの開発

組織的な変化が起こると，教育の質とコストにつながる組織的なイッシューと選択肢が生じる。子どもたちの学習活動のアウトカムに対する特定のレリバンスについては，基礎教育サイクルの年数，就学年齢，カリキュラム構成などの点において国によって異なる。義務教育年数が6年間か9年間であること，就学年齢が6歳であること，典型的には外部環境や労働の世界に対してほとんど認識を与えることのない学校プログラムに関して魅力的なものはない。共通の組織的なトレンドは，経済的なリソースと教育開発が許すならば，基礎教育を，6年間から初等教育と中等教育を含む9年間へと延長することである。教育面でより開発されている DMCs では，就学前教育に与えられる優先順位に関して議論がある。就学前教育が初等教育の初期の段階で子どもたちのパフォーマンスに与える肯定的なインパクトについては十分に立証されている。しかし，もし就学前教育の拡大と，初等教育の拡大あるいは改善という2つの選択肢に直面した場合，概して政策決定者は後者を選択してきた。今できる基礎教育に関する実験を再度設計してみるとすれば，4〜5歳の子どもの社会化とレディネスの訓練が含まれることになるだろう。長期的に将来を展望すれば，初等教育のユニバーサル化から始まる基礎教育の再定義に直面することはあり得るだろうか？

戦略

・教室と学校レベルでの実行にリソースを集中させること

新しいプログラムやプロジェクトは，国家レベルであれ地域レベルであれ，

また国内的な基金によるものであれ国際機関のパートナーシップによるものであれ,開発段階よりも実行段階においてより問題が発生する傾向がある。質的改善を意図したそれらのプログラムやプロジェクトには例外はない。実際に,そのようなプロジェクトの多くは行動において大きな変化を伴うので,より大きな困難が予想される。少なくとも,以下の2つの基本的条件が,実行が成功するためには必要である。すなわち (i) 利害関係者が新しいプログラムやプロジェクトの必要性と受容可能性に合意すること。(ii) 地域の保護者,教員,そして他の利害関係者が変化を理解し,それにコミットすること,の2点である。

■政策 2. 質の高い中等教育・高等教育の開発

　DMCs における中等教育・高等教育の質は,ワールド・クラスの大学から設備が悪く,職員の質も低く,教授活動をサポートする制度的なリソースがほとんどないような機関まで大きな幅がある。すべての DMCs は効果的な中等教育・高等教育を必要としている。基礎教育のユニバーサル化をほぼ達成した国々,例えば,東アジア諸国,旧ソビエト連邦からの移行国,いくつかの東南アジア諸国は,後期中等教育と高等教育の需要を満たすことに,より高い優先順位を与える傾向がある (クライアントの政治的な力のために,いくつかの高等教育機関は常に優位な地位を保っているが)。

戦略

・公正性と質のバランスをとること

　多くの DMCs では,後期中等教育と高等教育にはエリート主義の歴史があるので,公正性と質の関係が特別な意味をもつ。公正性と質の適切なバランスは多くの政策論議の核となるものかもしれないし,またパブリック・ディスコースの主題となるかもしれない。最低限,一般的に要求されるものは,入学試験の改善であり,公的機関の諸類型に関する最低限の基準を確立することであろう。入学という文脈の中でいえば,生徒の能力や興味・関心に合致するインジケー

ターもまた構築される必要がある。国の専門的・学問的スタンダード，そして個々の機関により開発される機関のスタンダードは開発され維持される必要があるだろう。

・教育の質とレリバンスの結びつき

　レリバンスの意味は，一般的に，すべての教育段階において討論の主題となっている。利害関係者の中にはレリバンスと質を同義に見なす者もいる。中等教育のレベルでは，レリバンスはしばしばある形態の職業教育を意味する。高等教育レベルでは，レリバンスは技術志向，あるいは伝統的な専門職プログラムの内容の近代化を意味するだろう。典型的には，両レベルともに，レリバンスは雇用との関係を意味している。

　チャレンジすべき課題は，どのような知識，スキル，そして価値といったものが職業的環境の中で最も効果的に教えられるものであるのか，そして，どのようなものが「アカデミック」な環境で最も効果的に教えられるものなのかを決めることである。CSSの報告によれば，教育と職業の世界とを結びつけていく際に多くの試みが実施されている。時折教育と職業訓練の間に描かれている明確な区別は曖昧になりつつある。もしかしたら将来的にはこの区別はなくなるかもしれない。

第4節　教授＝学習活動の運営

　効果的な学校は効果的な学校レベルの管理から始まる。DMCs において，新しい運営の役割は指導と学習の質に直接的な影響を与えるものへと進化している。校長は一般的に，指導の質にインパクトを与える4つの領域に責任を負っている。(i) 学校運営，例：確実に教科書が利用できるようにする。(ii) 学校と当局とのコミュニケーション，例：確実に教員がナショナル・カリキュラムを利

用できるようにする。(iii) 学校＝コミュニティの関係，例：学校への資金を増加させる，そして新たな指導戦略に対する保護者の支援を確保する。(iv) 指導の視察，例：校長による内部視察 (Chapman, 2002)。さらに，学校レベルの運営者が，これまでは教育システムのより高いレベルで対処してきた責任を引き受けることがますます期待されるようになっている。そのため，アジア全体に，より大きな地方分権化への動きがひろがっており，この動きのために，校長はより重要な地位を無理矢理に引き受けさせられようとしている。不幸なことに，これらの新しい責任に対して適切な準備ができている校長はほとんどいない。

■政策1. 運営の役割の再定義

学校レベルにおける教授＝学習活動の質を上げるためには，新たな学校レベルの運営の役割が進化し，現行の実践に対する低コストの代替策が模索される必要がある。校長の伝統的な役割としては，ルーティンの管理業務に焦点をおいてきた。新しい役割としては，指導におけるリーダーシップ，コミュニティとの連携とその動員，革新的試みの推進とモニタリング(例：複式学級，補助教員)，進行中の政府の政策に関する情報を生成し，理解し，活用すること，新たな優先順位が現れた場合に反応することなどである。

戦略

・効果的な学校のリーダーシップと安全な学習環境の開発

狭義の管理業務に慣れている校長や視学官は，より大きなイニシアティブをとることを必要とされている。しかし，新たなリーダーシップのスキルはある条件のもとでのみ獲得され得るものである。

カミングス (Cummings, 1997) は運営と視察における，より効果的なリーダーシップを開発するための3つの戦略を提言している。

(i) **統制のスパンを変える**

ほとんどの DMCs にとって視察の質に対する大きな障害は，視学官に課せられる重い負担であり，学校レベルに行き着く途上に立ちはだかる物理的な困難である。カミングスはマレーシアにおける，多くの視察機能を，より地域化した地方教育当局に移譲した改革について述べている。「3人に増員された視学官が配置された地方教育当局は，逆に校長クラスターと関連している。その改革は組織的なハイアラーキーにあるレベルを加えたが，しかしユニットの数，統制のスパンを減少させた。つまり，各レベルにおいて平均で 10 ユニット，1 地区あたり 10 クラスター，1 州教育当局あたり 10 地区まで減少させたのである。この配置は大いにコミュニケーションを改善した。」(Cummings, 1997, p.230)

(ii) **水平的な結びつきを強化する**

もう1つの運営改革戦略は，より効果的な学校がその叡智（と他のリソース）を近隣の学校と共有する機会をもつことができるように水平的な結びつきを広げることである（同, p.230）。

(iii) **より大きなイニシアティブを引き受けるように校長を研修で訓練する**

質的改善にインパクトを与える追加的な研修は，たとえレリバントであるとしても，より一層の条件を要求する。カミングスは主張する「…研修プログラムは，中央の政策決定を最終ラインでの実施者という校長の地位を，柔軟で感度の高いシステムの最前線の革新者の地位へと変え，実際に校長をエンパワーするような他の変化を伴わないならば，期待されたインパクトが生じることは保証されない。校長をエンパワーするような改革がなければ，校長は研修の教程を無意味であると考えるかもしれない。なぜなら彼ら／彼女らは大きなハイアラーキーの最底辺に位置しており，彼ら／彼女らが手がけるすべてのことが，結局検討を必要と

するからだ。もし,彼ら／彼女らがうまくやったところで,無視されるだろう。うまくできなければ,解雇されるだろう！」(同, p.230)

　学習環境を改善するためのもう1つの戦略は,より多くの女性教員と女性管理者を選抜することである。リー (Lee, 2002) は,学校へのアクセスにおけるジェンダー間の公正の実現を阻む多くの障害と,専門職就業機会のジェンダー間の不公正について証明している。教員・管理者のジェンダー構成と学校の質との間には関連性があるのだろうか？ワーウィックとライマーズ (Warwick and Reimers, 1995) によるパキスタンでの先行研究,および世界銀行 (1997) によるインドでの先行研究によれば,ある条件下では,女性教員はより効果的であるようだ。

・生徒に対する適切な直接の指導時間を提供すること

　国際比較研究が強調するところによれば,「職務の時間」がより高い生徒の学業達成を引き起こすということである。生徒が受ける指導時間の量は,授業日数の長さと学校の年間スケジュール,教員の出勤度,そして生徒の出席度によって決まる。指導日数と一学年の長さは,最も直接的に政策と規制に影響されやすい。しかし,すでに行われてきた実践を変えると,一般的には,教員に対し手当を支給し,施設をより一層活用する必要が出てくるのであり,それは他のイッシューを生み出す。生徒と教員の完全な出席・出勤を保証する戦略は実行しがたく,しばしばコミュニティ・ワイドな努力が必要となってくるのである。

　いくつかの国では,学校外での学習時間の量が,生徒の高い学業達成の鍵となっている。上述したリー (1997, pp.95-96) によると,「より1学年の授業日数が長いことが,東アジアの生徒が高い学力を達成している要因の1つであると外国人研究者が仮説をたてているために,他国の教育者たちは,彼ら／彼女ら自身の国の教育システムにおいて授業日数を増やすという提言を行うこととなった。しかし,大韓民国の小学校 (1-6学年) は西欧諸国の小学校に比べて,

特に低学年において，授業時間は少ない。大韓民国の生徒は，フランスの生徒の66％，そしてイギリスの生徒の75％しか授業を受けていない。そして，大韓民国と英仏両国とのギャップは，高学年に進むにつれ小さくなるものの，大韓民国の生徒の学業達成が高いのは，学校で長時間勉強しているからではなく，家で長時間勉強しているからである…」。学校外の私的な補習の重要性はブレイ (Bray, 1999) により強調されているところである。

・指導のリーダーシップの発揮

現職研修プログラム以外の，仕事に関する教員の能力を改善するための1つの戦略は，適切な研修を受けた校長により行われる「内部視察」である。ローデンブッシュとブミラット (Raudenbush and Bhumirat, 1991, p.36) によるタイの研究では，「教員が受ける内部視察の強さ（視察は校長，もしくは指名された教員により行われる）とその教員の担当する生徒の学習達成度とが結びついているという明らかな証拠がある」と結論づけている。この研究者たちは，視察をあまり受けていない教員に比べて，そのような視察を受けた教員の方がより質の高い指導を行っている，という生徒の見解にも強力な根拠があると述べている。

観察技術とインタビュー技術を活用したタイでの関連した研究によれば，上記の見解は支持される。ウィーラー他 (Wheeler et al., 1997) は，最も効果的な学校のいくつかにおいて，定期的な内部視察は，強いアカデミックな関心を生み出し，持続するための校長の戦略の重要な要素となることを発見した。そのような学校は，定刻に学校に来ること，午前中と同様に午後もアカデミックな指導を行うこと，テストの結果を，指導を評価するために活用すること，そして昼休みに教授＝学習活動について議論すること，などに関して教員を励ます「改善のエトス」によって特徴づけられる。いくつかの学校においては，このようなエトスを激励することに関して効果的な校長は，さらに教材の購入に際してコミュニティのリソースを動員することや，アカデミックな学習をサポート

する地区レベルのリソースを明確にすることにも積極的であった。これらの環境においては教室での視察なしに効果的なリーダーシップを想像することは難しい。しかし，視察と，学校のアカデミックなミッションを支持するための広範な一群の戦略とが結びついていることもまた明白である。適切な現職研修コースを明確にすることは確かにそのような一群の戦略に適するだろう。しかしフィールド・レポートによれば，視察が決定的な要素であるような，ローカルに生成する改善努力は，現職研修への伝統的アプローチとコントラストをなしている。現職研修は，指導が教員に知識を「伝達」するトップダウン志向をしばしば強調するものである。「視察の効果」の意味についてのこのスケッチはいくらか推測的ではあるが，これは，「改善のエトス」から切り離して視察の実践を機械的に応用することに対して警告している。「改善のエトス」は，視察によって反映されることもあり得るし，強化されることもあり得るのだ (Raudenbush and Bhumirat, 1991, pp.37-38)。

・コミュニティのリソースの動員，学校＝コミュニティ間の結びつきの開発，コミュニティ志向の教育の実践

　子どもの教育に対する親の投資は，おそらく学習達成を高めるうえで最も強力な関わり方であろう。この時間とお金に対する投資は子どもが学校に通う間，子どもの学習に影響し続ける。(世界銀行, 1997, p.89) 校長，教員，そして学校委員会の中には，コミュニティの関心をサポートする学校プログラムを開発することと，教授＝学習活動をサポートするためにコミュニティの人的・財政的リソースを動員することとの両方において大いに成功したものもある (Bray, 2000)。

　表Ⅱ－14で確認されるように，校長は，学校＝コミュニティの相互作用に，広範囲に影響を与えることができる。校長は，協力的な家庭環境を提供してくれる家庭を励ますことによって，学習達成を高めるために最も強力な取り組みの1つを支援できる。しかし異なるが，等しく重要なレベルにおいて，教育計画へ

表Ⅱ-14 中央集権的アプローチとコミュニティ志向アプローチの違い

領域	中央集権的教育システム	コミュニティ志向教育システム
学校＝コミュニティの関係	主に専門職の領域としての学校教育。保護者とコミュニティの役割は限定的。	パートナーシップとしての教育。目標設定，サポートそしてモニタリングにおいて政府＝コミュニティの協力。学校がコミュニティ開発を支援し，また逆にコミュニティが学校の開発を支援する。学校建設および維持に対するコミュニティの協力。
教授言語政策	第一言語あるいは第二言語に対する支援はない。子どもは教授言語としての公用語のネイティブ・スピーカーが主流である学級におかれている。主流となる文化が非主流の文化を犠牲にして強調される。	コミュニティ特有のニーズに基づく。コミュニティがコミュニティのネイティブ・ランゲージによる教授を望めば，公用語とのバイリンガル・プログラムが提供される。コミュニティが公用語による教授を望めば，修正されたイマージョン・プログラムが，継続的な第二言語のサポート，バイリンガル教員の採用，そしてバイリンガル・カリキュラムの導入とともに提供される。
カリキュラム	標準化された試験に向けて子どもたちを準備させるための標準化されたカリキュラム。都市部のあるいは産業化が進んだ地域のライフスタイル，イメージ，そして文化的価値を過度に強調している。事実上のカリキュラムとして，処方された教科書。	地元のあるいは地域のテーマが顕著なカリキュラム。主流文化と同様に，周辺的グループの文化的リアリティ，ライフスタイル，イメージの表象。
教員に関する政策	教員採用，研修，専門職へのサポートの標準化されたシステム。	教員集団への地元出身の教員の選択的な採用。

領域	中央集権的教育システム	コミュニティ志向教育システム
教員に関する政策		研修は地域の事情を考慮して行われる。遠隔教育,もしくは学校ベースの教育による,地元の組織的サポートと,教員の専門的能力の開発へのアクセスの向上を進める。
学校/教室の組織	工場モデル/年齢ごとの学年分けを強調したモデルに基づいた学校/教室組織。	強みとしてのフレックスな時間,スペース,教員の資質,学生によるチュータリング,自習,コミュニティのサポートなどを活用した「家族的スタイル」を組織化した学校/教室。
運営システム	標準化された規則,規制,そしてリソースの分配の方式などによって特徴づけられる統制と効率を高めることを志向したトップダウン式の運営システム。中央集権的な調達と分配がなされる。	コミュニティのニーズに応じて運営される。ニーズに基づくリソースの分配。そのリソースにはコミュニティで生成したものを含む。地元からの調達。

出典：Nielsen and Beykont, 1997

の,正真正銘のコミュニティ・アプローチがある。学校とコミュニティの密接な結びつきの,相互作用のプロセスとして組織化されたデータの収集,検証,分析,活用に生徒,教員,保護者をより巻き込む可能性も潜在的なアドバンテージである。このことは,それ自体持続的な改善のためのプロセスの一環であるのだが,地域の調査プロセスの一部と考えることができる。

第5節　教育の質的改善のモニタリングと維持

　持続的な改善をモニターし持続を支えることは，すべての教育レベルにおいて必要とされる。特に地元レベルにおいては，実践的な技術，そして，地方分権化の文脈の中では，意思決定プロセスへの参加に関して必要とされる。校長は，リーダーシップを発揮し，コミュニティの支援を動員するために，彼らの学校の質を評価し，その情報を地元の戦略的な計画立案に活用することができなければならない。

■教育の質に対する評価とモニタリングのための技術

　教室レベルと学校レベルにおける質と効率を改善することによって，少なくとも，教授＝学習活動の条件と潜在的可能性についての情報が示される。教育の質を支援するための情報ベースを構築する1つのアプローチは，学校レベルにおける数量化可能なインジケーターの開発を容易にし，教室レベルにおけるダイナミクスと学習環境の複雑性の大部分を無視するということである。刻々と変化する複雑性についての，いくつかの異なる評価スキーム，モニタリング・スキームが，現在多くの途上国で用いられている (Heneveld, 1994; Horn, 1992)。

　学校レベルのモニタリングと評価のスキームを活用するパースペクティブを得るうえで，2つのアプローチが対照をなしている。第1のアプローチにおいては，学校の質の評価のためのインジケーターは，比較的集めやすい情報とデータに基づき構築される。例えば，チェックリストは，学校教育の基礎的な必要条件についての政府の解釈を反映させるために教育省により準備されている。例えば，適切な施設，指導教材の利用可能性，教員資格等である。これらのリストは，地元の優先順位や嗜好を盛り込むために学校委員会，教員，そしてコミュニティ代表者によって採用される。それらのインジケーターは，当然のことながら，観察される条件の意味やインプリケーションについて深い洞察が可能にな

るレベルにはない。しかし，そのようなインジケーターは価値ある改善を促進するベンチマークを提供している。

次に前記の例とはっきりと対比させるために，ある学校が語学の学習達成度の改善を要求されたと想定してみよう。学校教育を実践するにあたって重要と考えられる，見てすぐに理解できる条件が存在するかしないかを確認するための簡単なチェックリストを使用することは，まだ可能であろう。しかし，より技術的なアプローチが，教育諸科学と獲得すべき言語諸科学とにまで広がるかもしれない。すなわちそれらは言語学習達成の正確な決定要因のリストである。それは，特定の生徒のきわだった学習特性を解釈するための分析ツールであり，そして，ある所与の状況下で用いられる教員による指導技術の選択基準などである (Adams and Boediono, 1997)。

第1のアプローチでは，典型的な国のインジケーターのセットに課せられる基本的な制約の多くが，地元レベルで繰り返されている。おそらく，そのようなリストは，現場で行われている活動を改善するための明確な指針を示すというよりも，議論や討議のプロセスを知らせるうえでより有益な情報を提供する，と考えるのが最もよいであろう。この「チェックリスト」アプローチはあまり洗練されたものではないために失敗しているのかもしれないが，後者のアプローチはあまりにも野心的に見える。そのような教育「科学」の精度のレベルはおそらくまだ十分なものに達してはいないだろう。地域密着型のモニタリングと評価を構築するアプローチを選択するにあたって，2つの疑問が残されている。つまり，「誰が測定技術を開発するのか？」そして「誰にとって，その測定技術は申し分のないものであるのか？」である。

より有望な技術もしくは戦略の1つは，基本的品質水準 (FQLs：Fundamental Quality Levels) の動向である。これは学校の質的標準もしくは最低限の質的標準 (School Quality Standards or Minimum Quality Standards) の動向を示している。FQLs はある所与の国における学校の質の概念を操作可能にするための実用的ツールである。FQLs は，あらかじめ合意に達し，あらかじめ決められている必

要な一連のインプットと諸条件、そして最終的に学校の質に関連するプロセスとアウトカムから構成されている (Horn, 1992)。さらに FQLs においては、すべての学校が満たすべき一連の最低基準が明確にされている。FQLs の基準を下回る学校は、大抵は追加的なリソース、もしくは特別プログラムの形で特別な援助を受けるターゲットとなる。例えば、FQLs は受け入れることができる実践の最低レベルを明示する。その最低レベルとは、教科書が必要とされる授業においてすべての生徒が教科書をもっている、教員が時間通りに教室に来る、教員が欠勤しない、学校が活動的な PTA を有している、そして少なくとも 75 ％の生徒が国が実施する試験に合格して卒業する、といったことである。FQLs は現在、ベニン、エチオピア、ガーナ、そしてギニアにおいて、学校の質に関する多様なインジケーターをより大きな国レベルの学校改善のイニシアティブへと統合するために活用されている。

　FQLs のアドバンテージの 1 つは、リソースの不平等な分配を政治的にカバーすることができるようになることである。不平等な分配における 1 つの問題は、有利な条件下にある学校はリソース分配の面で不利な立場になるということである。このような事態に至ると、有力な保護者は不満を漏らすことになる。個人的利害に基づいて判断し得るものとは正反対の公的な合理性と正当性とによって、個々人の私利私欲に対抗する方法が FQLs によって、教育者と政府官僚に対して提供されるのである。第 2 のアドバンテージは、FQLs が、単一の基準としてのテストの結果に基づいて分配する場合よりも、リソースの分配において不利益をこうむっている学校にとって有利になるような、より洗練された手段を提供することである。それらは各々の要因 (例：テストの得点) を、生徒のパフォーマンスの改善にとって重要であると知られている (信じられている) 諸要因のより大きな構造体に組み込む。もちろん、FQLs の要因が実際に他のイッシューを提起する重要なものである時に限り、これはアドバンテージとなるのである。

　これらの FQLs の開発はジレンマに直面する。主唱者たちの論じるところで

は，FQLsがコンセンサスを構築するための効果的なツールとなるためには，教育システムのすべてのレベルにおいて，広範に参加と関与を展開するプロセスを通じて開発されなければならないのである(Menou-Agueh and Zevounou, 1996)。広い視野に基づく可能な洞察を決定に持ち込み，そして選ばれた学校に不相応なリソースが分配された時に生じる批判に対抗するために，参加は正当化されるのである。他方，FQLsが効果的であるためには，生徒が学習するものに影響を与えていると見られる，実際に実証的基盤をもつ，それら最も決定的なインプットと教育プロセスを把握する必要がある。これら2つは必ずしも両立できないわけではないが，しばしば葛藤を生じる。

■**質的改善を持続させるための条件**

　基礎的なスキル，批判的思考，自尊心，あるいは他の生徒の学習活動のいずれによって定義されるものであれ，教育の質的改善を続けるためには，教室レベルと学校レベルにおける現状について徹底的に理解していなければならない。中央政府から発令される国レベルの改革は，首尾よく従順を求めることができるだろうし，教育サービスのデザイン，範囲，分配において大きな調整を容易にすることもできる。しかし，教授＝学習活動において根本的な変化を促進するほど十分であることはまれである。

　教員研修を改善し，教員へのインセンティブを増加することは，必要ではあるが，しかし，それは質的改善のプロセスを持続するための条件としてはしばしば不十分である。ボックスⅡ－13に示されているのは，持続の見込みを増加させるため，さらに必要な地元の条件と学校の条件である。

　学校レベルにおいて，地方分権化の政策下では，持続性は少なくとも3つの一般的な条件を必要とする。すなわち，学校の学習目的に関して学校とコミュニティが目標を共有すること，教員が専門的な，生徒に焦点を当てたコミットをすること，指導上のリソースを柔軟に配分するために自律性をもつこと，で

ボックスⅡ－13　教育の質的改善の開始と持続

　もし計画立案と実行のプロセスには，効果についての証拠が得られるようにインプットとプロセスを修正する機会が含まれているのならば，実践のレビューと結びついた研究は，効果的な学校教育を計画立案するのに十分な洞察を与えることになる。教育変動を起こし，それを持続することは，繰り返される参加型のプロセスとして再定義されなければならない。このプロセスには，学校レベルと地元レベルにおける批判，評価，分析そしてフィードバックが含まれており，またこのプロセスはそれらから始められるものであろう。成功するための条件には以下のものが含まれる。

(i)　学校の重要な内的・外的環境を解釈するための情報。そのような文脈に存在し潜在している影響力は，組織としての学校の機会と限界とを定義する。基本的な疑問としては，次のようなことがいえるだろう。すなわち，どのようにすれば組織とその環境は，教員，管理者，そして生徒が学校の目的の達成に必要なことができるように変え得るのだろうか？

(ii)　どのようにすれば所与の教室での教授＝学習プロセスが，明確な生徒のアウトプットを引き出すことができるのか，についての学校の目的を支援するための情報。教員と管理者は，様々な学習活動とパフォーマンスの目的達成に役立つようなこととして何ができるのか？

(iii)　効果的な学校の実践および，文脈に関する洞察を，学校と教室への受け入れ可能な政策的介入へと変換する際に，多くのコミュニティの利害関係者を巻き込むあまり予測できないプロセスについての情報。役に立つ可能性を秘めた変化と革新のうちどのようなものが，教員の要求を受け入れ

ることができるだろうか？

(iv) 生徒のパフォーマンスと，繰り返し収集され分析される学校の実践を改善するプロセスに不可欠な他の学習とをモニターし評価するプロセスに関する情報。どのような革新的技術が，有望であり，利用可能であり，ユーザー・フレンドリーなものであるのだろうか？

(v) 教員による，新しい実践の有効性の継続的な受容。他の教員の経験に照らし合わせて革新的な試みへのサポートを教員が再評価できる有益なフォーラムにするために他校からやって来た管理者と教員に，経験や問題を共有させるためにどのような機会を開発することができるのか？

(vi) 教員と管理者による新しい実践のオーナーシップの継続的な意味。何が，オーナーシップの，そしてオーナーシップ欠如のインジケーターなのであろうか？

(vii) 最終的には，学校レベルの変化をより大きな教育システムの行動に統合すること。どのようなコミュニケーション経路が開かれる必要があるのか，そして，教育の質的改善を推進するためにいかなる意思決定プロセスが展開される必要があるのか？

ある。また，ナショナル・インジケーターの文脈におけるアウトカムに関して，コミュニティに対する説明責任を学校に課す義務もある。これらはすべての教育システムと国家にとってチャレンジすべき課題である (Adams, 2002)。

結　　論

　　教育の質的改善に対して定められた国の優先順位,そしてカリキュラムと教員の質のアップグレードのための巨大なプログラムがあるにもかかわらず,**なぜ質は改善されないのか？**ボックスⅡ－14が示しているように,教育の質的改善への障害が存在している。しかし,DMCsにおいては教育の質的改善が進行しているという証拠があるのだが,国家間あるいは国内において,改善は不均等に進行している。実際に,次の10年に向けての教育のチャレンジすべき課題の多くに関しては,この20年間のアジア全域で特筆すべき成功によって生み出されてきたものである。この期間,域内の初等教育の粗就学率は90％以上にまで増加した。そして,いくつかの国では1990年代までに初等教育の純就学率が90％以上にまで達した。教育拡大,経済成長の期間の延長(そして最近の経済の衰退),そして教育の地方分権化の進化するパターンによって,教育の質とレリバンスに関するイッシューが,最前線に持ち込まれ,解決に向けての調査を複雑にした。

　　いくつかのアジア諸国の教育の質が低いという問題は突然生み出されたものではなかったし,またすぐに解決されるものでもないだろう。5つのチャレンジすべき課題がある。

(i)　教育の地方分権化は質的改善の責任を,教育システムのより下位の教育者とコミュニティへとシフトさせている。したがって,政府の各々のレベルにおいて,リーダシップを求める声が起きている。教育の質を改善することは,国家の教育システムの統合性を維持し,かつ公正性という目標を達成する一方で,就学者数の拡大を管理することよりはるかに大きなチャレンジすべき課題を生み出している。次の10年に向けて,2

ボックスⅡ-14　なぜ教育の質は改善しないのか？

　南アジア，そして東南アジア諸国の教育システムが直面している問題は，例えば，きちんと訓練されていない教員，教科書の不適切な供給，脆弱なマネジメント，ほとんどもしくは全くない授業視察，そして貧弱な設備などである。しかし，教育の質的改善に高い優先順位をおいているすべての国がそのような主張を展開し，しかもそのような問題に取り組むために精緻な官僚制があるにもかかわらず，このような状況が存在し続けている。**それでは，なぜ質は改善しないのか？**

(i)　教育における高い質というのはつかみどころのない目標である。より質の高い教育を提唱すれば，それは，誰にとっても受け入れやすい主張である。同様の理由から，学校の質を改善することも，安全な目的であるが決して満足されることはない。

(ii)　高い質への希求は，実際には，リソースをめぐる競争により「上限を課せられている (capped)」ものだ。政府とコミュニティは，高い質を望むと主張するが，これは常に，彼らが資金を手に入れられる限り多く獲得したい，ということを意味する。質に関する調査には喜んで資金が投入される。

(iii)　質的向上には敵が存在する。上記 (ii) に関して，質的向上はトレード・オフの関係に巻き込まれる。質的向上への政策的介入には大抵，追加的なリソースが必要となる。その取引きで損をする人達は，質的改善を，彼ら／彼女らが価値をおくものからみて2次的なものとしか見なさないだろう。

つの鍵となる問題がある。すなわち, (a) どのようにすれば中央政府が学校レベルや教室レベルの教授＝学習活動に影響を与えることができるのか？ (b) ローカル・コミュニティと学校当局は学校の質を上げるための利用可能な選択肢の範囲をどのように学び, またどのように対応するのか, ということである。

(ii)　資金をめぐる競争において, 質の問題はアクセスの問題と競合する必要があるかもしれない。両者ともに政治的にアピールする問題ではあるが, アクセスを拡大することの方が質を向上することと比較して, より政治的にはアピールしやすい。質を向上することが排他的であるように受け取られている一方で, アクセスの増大は平等主義的な価値を意味している。その結果, 質的改善へのコミットを維持することは, 特に経済的不確実性が高まっている時期には, 困難となるであろう。チャレンジすべき課題は, いかにして政策的アジェンダと公的関心において, 教育の質に関する問題が高い位置を維持することができるのか, ということである。ADB と他の組織の役割は, それらの政策の優先順位に関する情報を広く伝達することにより, あるいは DMCs との対話により, 教育の質に人々の注意を引きつけておくことにおいて, またより効果的な国家の政策環境の開発を支援することにおいて非常に重要なものとなり得る。

(iii)　ここ 20 年間の情報技術の爆発的な進歩のために, 学校を維持するうえで新たなプレッシャーがかかるようになっている。コンピュータと多様なコミュニケーション技術が広く利用できるようになったために, いかにすれば政府が指導の質を改善するために低コストとより高いコストの技術を活用できるのか, というイッシューが再度生じることとなった。懸念されていることの 1 つは, 域内の国家間で技術の利用可能性に差があり, その結果, 指導の質により大きな違いが生じるのではないか, とい

うことである。

(iv) 国内において，より質の高い教育に対する要求には，地理上の地域間と人口中の下位集団間での，学校の質に関する公正な分配も含まれているのだろうか？教育の質が低くなる原因は，しばしば，ディスアドバンテージを被っている地域・人々が集中していることにある。これらの環境において学校の質を向上させることは，より費用がかかり，複雑になり得る。というのは，しばしば，相対的に政治的な力をほとんどもっていない集団に対して，複雑に入り組んだ問題への注意を必要とするからである。

(v) 教育の質を向上させることに関する地域協力は，強い教育と経済的センスを生み出す。しかし，それはしばしば，政治的感度により束縛され，国家の諸システム間の些末な差異にはまりこむ。国家のそれ自身のカリキュラムについての感度が，時として効果的な協力を不可能にする。次の 10 年に向けてチャレンジすべき課題の 1 つは，諸国が一致して教授＝学習活動を改善するために協働することができる，建設的で対費用効果の高い方法を明確にすることである。

これまでの研究と経験によれば，いくつかの意味における教育の質に寄与する諸要因について，そして教育の質を改善するプロセスについて，学ぶべきことが多く残っている。研究の知識の大部分は学習活動，教授活動，組織変動において存続しているが，現存する知識は，たとえ教育に関する意思決定の規範的，政治的本質を無視したとしても，複雑で混乱した教育の諸問題に取り組むためには不完全で不十分である。同時に，我々の洞察は一般的に普及している実践よりも先んじている。これらの同時発生的な諸条件が示しているのは，政策決定者と実践者とが，教育の質を改善するための戦略への二股のアプローチを直視すべきであるということである。第 1 のアプローチは穏やかなリスクを想定

している。そしてまたより多くのリソースとエネルギーが，確かな証拠に基づく研究と経験が示すような教育の諸変化を引き起こすために投入されることが，しばしば質的改善に成功をもたらしてきたことを示している。第2のアプローチは，多くの教育問題は技術的な問題として扱うことはできず，容易に技術的な解決になじまないと認識するものである。

　「何が作用するのか？」という問いは「いつ？」「どこで？」そして「誰のために？」という問いとともに考えられなければ，ほとんど意味を成さない。政策決定者が直面している教育問題の諸原因に対して，単一の解答が見つかることはめったにない。教育の質を改善するプロセスを持続するためには，対話にとって代わるものと，確実性という安心のための継続的調査を必要とするのであろう。

■付録 1：諸表

表 A 1 － 1　1997 年から 2002 年にかけての開発途上国における国家の教育運営イッシューの優先順位ランキング

トピック	国																
	1	2	3	4	5	6	7	8	9	10	11	12	13	14	15	16	17
マクロな教育計画の立案		1					1	1								1	1
戦略的な教育計画の立案	2						1					2	1		1		
政策の調査・分析能力の形成	2					1					1						
教育財政					1		1	1						2			
教育のセクター分析						1						1	2				
アクセス・公正性・質・レリバンスをモニターするための EMIS 開発	1	2							1	2							
教育システムの民営化							2										
教育システム管理の地方分権化			2	1							1						
生徒の学業達成の評価														1			2
国家の価値と文化を高めるための国策開発					2										2		
政策とプログラムの計画立案のための EMIS 開発								1				2					
教育システムの再構築							2			2							
基礎教育のユニバーサル化				2													
マクロな計画立案のための EMIS 開発														2			
質の保証																	

トピック	国																
	1	2	3	4	5	6	7	8	9	10	11	12	13	14	15	16	17
グローバリゼーションに対処するための政策開発																	

EMIS=教育運営情報システム
国：1.バングラデシュ　2.カンボジア　3.インド　4.インドネシア　5.カザフスタン
　　6.キルギス共和国　7.ラオス　8.マレーシア　9.モルディブ　10.ネパール
　　11.パキスタン　12.パプア・ニューギニア　13.フィリピン　14.スリランカ　15.タイ
　　16.ウズベキスタン　17.ベトナム

原注：2つの研究チームは、いくつかの選択肢を最優先事項とした（第1位に同数の票が集まった）。

出典：UNESCO-PROAP Regional Seminar on Education Management Issues, Policy and Information, Bangkok, Thailand, May, 1997.

表A1-2 1997年から2002年にかけての開発途上国における中間レベルの教育運営イッシューの優先順位ランキング

トピック	国																
	1	2	3	4	5	6	7	8	9	10	11	12	13	14	15	16	17
地方分権化に向けてのスタッフ研修					2					1	1						1
ミクロな教育計画の立案			1	2				1		2			1		1		1
スクール・マッピング		1										1			2		
学校教育へのコミュニティ参加の支援	1							1	1		2						1
きちんと対応されていないグループを確認し，手をさしのべること		2		1								2		2			1
教育の質，アクセスと公正性の評価	2		2		1									1			
アクセスと質をモニターするためのEMIS開発						2		1									1
（フォーマルに，そしてインフォーマルに共有する）ネットワーク形成															1		
学校のクラスター化									2								
ミクロな計画立案のためのEMIS開発																	1
プログラムのモニタリングと評価のためのEMIS開発																	1
学校におけるコンピュータ導入の計画立案と運用						2							1				

トピック	国																
	1	2	3	4	5	6	7	8	9	10	11	12	13	14	15	16	17
アカデミックな改善と非アカデミックな改善																	

EMIS= 教育運営情報システム

国： 1. バングラデシュ　2. カンボジア　3. インド　4. インドネシア　5. カザフスタン
　　 6. キルギス共和国　7. ラオス　8. マレーシア　9. モルディブ　10. ネパール
　　 11. パキスタン　12. パプア・ニューギニア　13. フィリピン　14. スリランカ　15. タイ
　　 16. ウズベキスタン　17. ベトナム

原注：2つの研究チームは，いくつかの選択肢を最優先事項とした（第1位に同数の票が集まった）。

出典：UNESCO-PROAP Regional Seminar on Education Management Issues, Policy and Information, Bangkok, Thailand, May, 1997.

表Ａ１−３　1997年から2002年にかけての開発途上国におけるコミュニティ・学校レベルの教育運営イッシューの優先順位ランキング

トピック	国															
	1	2	3	4	5	6	7	8	9	10	11	12	13	14	15	16
コミュニティの支援と参加の促進	1	2										1				
学校の資金調達	1				1											
スタッフ・ディベロップメント研修				1	1									1		
学校改善プログラムの開発	1				1								2	1		
効果的な学校の創造		1											1	2		
生徒に対する評価／継続的な学習評価	1				2											
学校へのコンピュータの導入活用					1											
学校のためのEMIS開発					2											
学校プロセスのモニターと評価					2											
学校運営							2									
生徒に対する評価／学業達成を測るためのテスト																
教員による学級運営																
保護者と政治家に対する警戒と主張																
学校におけるチーム運営																
学習活動における質的要因の評価																

EMIS=教育運営情報システム
国：1. バングラデシュ　2. カンボジア　3. インド　4. インドネシア　5. カザフスタン
　　6. キルギス共和国　7. ラオス　8. マレーシア　9. モルディブ　10. ネパール
　　11. パキスタン　12. パプア・ニューギニア　13. フィリピン　14. スリランカ　15. タイ
　　16. ウズベキスタン

原注：2つの研究チームは，いくつかの選択肢を最優先事項とした（第1位に同数の票が集まった）。

出典：UNESCO-PROAP Regional Seminar on Education Management Issues, Policy and Information, Bangkok, Thailand, May, 1997.

■付録2　国別セクター研究（CSS）

CSSについて

以下に掲げるのは，本書で言及した8つのCSSのリストである。

中華人民共和国

National Center for Education Development Research. 1997.*Regional Study of Trends, Issues and Policies in Education. Final Report of Country Case Study of the People's Republic of China.* Country Sector Study prepared for ADB.

インドネシア

Office of Educational and Cultural Research and Development. 1997. *Study of Trends, Issues and Policies in Education(Indonesia Case Study)*.Members of the Research Team included: Sri Hardjoko Wirjomartono (Coordinator); Jiyono; Ace Suruyadi; Jahja Umar; Jamil Iburahim; Arief Sukadi; Suheru Muljoatmodjo; Bambang Indriyanto; Agung Purwadi; Ade Cahyana; Safrudin Chamidi.

キルギス共和国

Kyrgyz Research Institute of Higher Education Problems, Ministry of Education, Science and Culture. Bishkek, Kyrgyz Republic. 1997. *Country Report: Regional Study of Trends, Issues and Policies in Education.* Country Sector Study prepared for ADB. Members of the Research Team included: D.A.Amanaliev; I.B.Becboev; G.M.Belaya; U.N.Brimkulov; N.N.Janaeva; M.T.Imankulova; L.P.Miroshnichenko; V.L.Machnovsky; S.K.Marzaev; A.A.Shaimergenov; V.K.Jantzen.

ネパール

Research Centre for Educational Innovation and Development, Tribhuvan University. 1997. *Trends Issues and Policies of Education in Nepal: A Case Study* .Tripureshwor, Kathmandu. Country Sector Study prepared for ADB. Members of the Research Team included: Hridaya Ratna Bajracharya; Bijaya Kumar Thapa; Roshan Chitrakar.

パキスタン

Pakistan Institute of Development Economics. 1997. *Trends, Issues and Policies in Education: A Case Study of Pakistan.* Islamabad, Pakistan. Country Sector Study prepared for ADB. Researcher: Naushin Mahmood.

パプア・ニューギニア

Institute of National Affairs. 1997. *Regional Study of Trends, Issues and Policies in Education: Papua New Guinea Country Case Study.* Country Sector Study prepared for ADB.

フィリピン

Development Academy of the Philippines. 1997. *Policies, Trends and Issues in Philippine Education.* A Case Study Commissioned by UNESCO-Bangkok, Thailand for ADB. The Task Force Members included: Ramon C. Bacani; Napoleon B. Imperial; Juan M. Sabulao; Mario Taguiwalo; Charles C. Villaneuva; Carmencita T. Abella; Alma Bella Z. Generao. Research Team Members included: Elizabeth Y. Manugue- Research Lead; Eduardo T. Gonzalez; Anicetas C. Laquian; Merialda F. Nadunop; Mercedita C. Amar; Shiela D. Valencia.

ベトナム

National Institute for Educational Development. 1997. *Regional Study of Trends, Issues and Policies in Education: Viet Nam Case Study.* Hanoi, Viet Nam. Country Sector Stusy prepared for ADB.

引用・参考文献

(原著記載のもの　第Ⅰ部と第Ⅱ部とで重複するものもある。)

<第Ⅰ部>

Adams, D. and Boediono. 1997. Information for Improving School Practice: Three Indonesian Case and a Conceptual Model. In *From Planning to Action: Government Initiatives for Improving School-Level Practice*, edited by D. W. Chapman, L. O. Mählck and A. E. M. Smulders. Paris: UNESCO International Institute for Educational Planning, and Oxford: Pergamon Press.

Asian Development Bank (ADB). 1993a. *Lao People's Democratic Republic*. Series "Education and Development in Asia and Pacific". No.1. Manila: ADB.

—1993b. *Mongolia Education and Human Resource Assessment: Educational Management*. Manila: ADB.

—1995a. *Human Resource Development: Small Pacific Island Countries*. Manila: Office of Pacific Operations, ADB.

—1995b. *Kazakstan: Technical Assistance for the Education and Training Sector Study*, Synthesis Report. TA KAZ: 28401. Manila: ADB.

—1995c. *Cambodia Education Sector Study*. Manila: ADB.

—1996. *Viet Nam: Human Development Perspectives*. Manila: ADB.

—1997. *Emerging Asia: Changes and Challenges*. Manila: ADB.

Bajracharya, H. R., Thapa. B. K. and Chitrakar, R. 1997. *Trends, Issues and Policies in Education of Nepal.: A Country Case Study*. Kathmandu: Ministry of Education.

Bray, M. 1996a. *Counting the Full Cost: Parental and Community Financing of Education in East Asia*. Washington, DC: World Bank in collaboration with UNICEF.

—1996b. *Decentralization of Education: Community Financing*. Washington, DC: World Bank.

—1998. Privatization of Secondary Education: Issues and Policy Implications. *In Education for the Twenty-First Century: Issues and Prospects*. edited by UNESCO. Paris: UNESCO.

—1999a. Control of Education: Issues and Tensions in Centralization and Decentralization. In *Comparative Education: The Dialectic of the Global and the Local*. edited by R. F. Arnove and C. A. Torres. Lanham, MD: Rowman and Littlefield.

—1999b. *The Private Costs of Public Schooling: Household and Community Financing of Primary Education in Cambodia*. Paris UNESCO International Institute for Educational Planning in collaboration with UNICEF.

—2000. *Community Partnerships in Education: Dimensions, Variations, and Implications*. Paris: Education for All Secretariat, UNESCO.

—2002. *The Costs and Financing of Education: Trends and Policy Implications*. Series 'Education and Development in Asia'. Manila: Asian Development Bank. and Hong Kong: Comparative Education Research Centre, The Univeisity of Hong Kong.

Bray, M. and Lee, W.O. 1997. Education and Political Transition in Asia: Diversity and Commonality. In *Education and Political Transition: Perspectives and Dimensions in Asia*. CERC Studies in Comparative Education 1, edited by W. O. Lee and M. Bray, Hong Kong: Comparative Education Research Centre, The University of Hong Kong.

Cambodia. 1997. *Education Statistics, 1996/97*. Phnom Penh: Ministry of Education, Youth and Sports.

Chapman, D. W., and Dhungana, M. 1991. Education Data Quality in Nepal. *Evaluation and Program Planning*,14.

Chapman, D. W. and Mählck, L. O. 1993. Linking Data to Action. In *From Data to Action: Information Systems in Educational Planning*, edited by D. W. Chapman and L.O. Mählck. Paris: UNESCO International Institute for Educational Planning, and Oxford: Pergamon Press.

Chapman, D. W., Mählck, L. O. and Smulders, A, E. M., eds. 1997. *From Planning to Action: Government Initiatives for Improving School-Level Practice*. Paris: UNESCO International Institute for Educational Planning, and Oxford: Pergamon Press.

Chapman, D. W., Snyder, C. W. and Burchfield, S. 1993. Teacher Incentives in the Third World. *Teaching and Teacher Education* 9 (3):301-16.

Chapman, D.W. and Windham, D. M, 1985. Academic Program "Failures" and the Vocational School "Fallacy": Policy Issues in Secondary Education in Somalia. *International Journal of Educational Development* 5 (4):269-81.

China, People's Republic of Department of Planning and Construction. 1997. *Essential Statistics of Education in China*. Beijing: State Education Commission, People's Republic of China.

Gillies, J. 1993. *Management Education and Training: Review of Experience*. LAC Education and Human Resources Technical Support Project (EHRTS). Washington, DC: US Agency for International Development (USAID), Bureau for Latin America and the Caribbean.

Hannaway, J. 1995. *The Problems and Promise of Top-Down Decentralization: The Case of India*. Paper presented at the World Bank Seminar on Educational Decentralization, Washington, DC. 2 June.

Hannaway, J. and Carnoy, M., eds. 1993. *Decentralization and School Improvement: Can We Fulfill Promise?* San Francisco: Jossey-Bass.

James, E. 1993. *Why Is There Proportionately More Enrollment in Private Schools in Some Countries?* Policy Research Working Paper 1069. Country Economics Department, Washington, DC: World Bank.

Kemmerer, F. 1990. An Integrated Approach to Primary Teacher Incentives. In *Improving Educational Quality: A Global Perspective,* edited by D. W. Chapman and C. A. Carrier. Westport, Conn.: Greenwood Press.

Laya, J. 1987. *Philippine Secondary Education Financing and Rates of Return.* Manila: Ministry of Education, Youth and Sports, Bureau of Secondary Education and Secondary Education Development Budget.

Lewin, K. M. 1998. Education in Emerging Asia: Patterns, Policies, and Futures into the 21st Century. *International Journal of Educational Development* 18 (2):81-118.

Lockheed, M. E. and Zhao, Q. 1992. *The Empty Opportunity: Local Control of Secondary Schools and Student Achievement in the Philippines.* Policy Research Working Paper 825. Population and Human Resources Department, Washington, DC: World Bank.

Mingat, A. 1996. *Elements in the Costs and Financing of Education in the Lao PDR.* Dijon: University of Dijon.

Philippines Congressional Committee on Education. 1992. *Making Education Work: Areas of Concern in Philippine Education.* Vol.2. Teacher Welfare, Compensation, and Benefits. Manila: Government of the Philippines.

Reimers, F. 1997. Changing schools through participatory knowledge management in El Salvador: Can education systems learn? In *From Planning to Action: Government Initiatives for Improving School-Level Practice,* edlted by D. W. Chapman, L. O. Mählck and A. E. M. Smulders. Paris: UNESCO International Institute for Educational Planning, and Oxford: Pergamon Press.

Research Institute for Higher Education Problems. 1997. National Report for the Kyrgyz Republic. Background paper for *Regional Trends, Issues, and Policies in Education.* Bishkek: Ministry of Education, Science and Culture.

Rondinelli, D. and Puma, M. 1995. *Decentralizing the Governance of Education.* Workshop Materials for the Advancing Basic Education and Literacy (ABEL) Project. Washington, DC: Academy for Edueational Development and Bat Associates .

Spring, J. 1998. *Conflict of Interests: The Politics of American Education.* Third Edition. Boston: McGraw Hill.

United Nations Educational, Scientific and Cultural Organization (UNESCO). 1995. *World Education Report.* Paris: UNESCO.

—1998. *World Education Report.* Paris: UNESCO.

Wheeler, C. 1997. Personal Communication to David Chapman.

Wheeler, C., Calavan, K. and Taylor, M. 1997. *Improving Capacity for Policy Analysis and*

Planning in the Cambodian Ministry of Education, Youth and Sport. Advancing Basic Education and Literacy Project. Washington, DC: USAID.

Windham, D. M. and Chapman, D. W. 1990. *The Evaluation of Educational Efficiency: Constraints, Issues, and Policies*. Advances in Educational Productivity Series. Vol.1. Greenwich, Conn.: JAI Press.

<第Ⅱ部>

Adams, D. 1998. Defining Educational Quality: Educational Planning. *Educational Planning*11 (2):3-18.

—2002. *Education and National Development: Priorities, Policies, and Planning*. Series "Education in Developing Asia". Manila: ADB, and Hong Kong: Comparative Education Research Centre, University of Hong Kong.

Adams, D. and Boediono. 1997. Information for Improving School Practice: Three Indonesian Cases and a Conceptual Model. In *From Planning to Action: Government Initiatives for Improving School-Level Practice*, edited by D. W. Chapman, L. O. Mählck and A. E. M. Smulders. Paris: UNESCO International Institute for Educational Planning, and Oxford: Pergamon Press.

Agarwal, S. and Harding, D. 1997a. *Educational Quality in Asia: An Examination of Trends, Policies and Emerging Priorities*. A Technical Working Paper prepared for ADB.

—1997b. *Participation in the Balance: An Examination of Community-Based Primary Education in India*. Draft mimeo. Washington, DC: Academy for Educational Development.

Asian Development Bank (ADB). 1993. *Lao People's Democratic Republic*. Series "Education and Development in Asia and the Pacific". Vol.1. Manila: ADB.

—1996. *Key Indicators of Developing Asian and Pacific Countries 1996*. Manila: ADB.

—1997. *Emerging Asia: Changes and Challenges*. Manila: ADB.

—1999. *Laos Education Sector Study and Education Investment Plan*. Manila: ADB, and Vientiane, Lao PDR: Ministry of Education.

Avalos, B. and Koro, P. 1997. Information and the Reform of Initial Teacher Education in Papua New Guinea: Strategies, Challenges and Results. In *From Planning to Action: Government Initiatives for Improving School-Level Practice*, edited by D. W. Chapman, L. O. Mählck and A. E. M. Smulders. Paris: UNESCO International Institute for Educational Planning, and Oxford: Pergamon Press.

Beaton, A. E., et al. 1996. *Science Achievement in the Middle School Year: Third Science Achievement in the Middle School Years*. Boston College, Chestnut Hill, MA: Center for the Study of Testing, Evaluation, and Educational Policy.

Bray, M. 1996. Educational Reform in a Small State: Bhutan's New Approach to Primary Education. *International Journal of Educational Reform* 5 (1): 15-25.

——1999. *The Shadow Education System: Private Tutoring and its Implications for Planners.* Paris: UNESCO International Institute for Educational Planning, and Oxford: Pergamon Press.

——2000. *Community Partnerships in Education: Dimensions, Variations, and Implications.* Paris: Education for All Secretariat, UNESCO.

Capper, J. 1994. *Testing to Learn . . .Learning to Test: A Policy-maker's Guide to Better Educational Testing.* Washington, DC: Academy for Educational Development.

Chapman, D. W. 2002. *Manegement and Efficiency in Education: Goals and Strategies.* Series "Education in Developing Asia". Manila: ADB, and Hong Kong: Comparative Education Research Centre, University of Hong Kong.

Chapman, D. W. and Mählck, L .O. 1993. Linking Data to Action. In *From Planning to Action: Information Systems in Educational Planning,* edited by D. W. Chapman and L. O. Mählck. Paris: UNESCO International Institute for Educational Planning.

Chapman, D .W. and Snyder, C. W., Jr. 2000. Can High Stakes National Testing Improve Instruction: Reexamining Conventional Wisdom. *International Jourual of Educational Development* 20, Issue 6 (November):457-474.

Chapman D .W., Snyder, C. W. and Burchfield, S. 1993. Teacher Incentives in the Third World. *Teaching and Teacher Education* 9 (3):301-16.

China, People's Republic of, National Center for Education Development Research 1997. *Regional Study of Trends, Issues and Policies in Education: Final Report of Country Case Study of the People's Republic of China.* Country Sector Study prepared for ADB.

Cummings, W. K. 1997. Management Initiatives for Reaching the Periphery. In *Quality Education for All: Community-Oriented Approaches,* edited by H. D. Nielsen and W. K. Cummings. New York: Garland.

Farrell, J. and Oliviera, 1993. *Teachers in Developing Countries: Improving Effectiveness and Changing Costs.* Washington, DC: World Bank.

Fuller, B. and Clarke, P. 1994. Raising School Effects while Ignoring Culture: Local Conditions and the Influence of Classroom Tools, Rules and Pedagogy. *Review of Educational Research* 64 (1):119-57.

Fuller, B. and Holsinger, D. 1993. *Secondary Education in Developing Countries.* Washington, DC: World Bank.

Hanushek, E.A. 1994. *Making Schools Work: Improving Performance and Controlling Costs.* Washington, DC: Brookings Institution.

Harding, D. 1996. Teacher Empowerment: An Analysis of the Indian Experience. In *Partnerships in Teacher Development for a New Asia.* Report of an International

Conference. Bangkok: UNESCO/United Nations Children's Fund (UNICEF).

Heneveld, W. 1994. *Planning and Monitoring the Quality of Primary Education in Sub-Saharan Africa*. AFTHR Technical Note No. 14, Human Resources and Poverty Division. Washington, DC: World Bank.

Heyneman, S. P., and Loxley, W. A. 1983. The Effect of Primary School Quality on Academic Achievement across Twenty-nine High- and Low-Income Countries. *American Journal of Sociology* 88 (6):1162-94.

Horn, R. 1992. *The Fundamental Quality Level Indicator System for Primary Schools*. Draft Memorandum, US Agency for International Development(USAID). Washington, DC: Bureau for Africa.

Indonesia, Office of Educational and Cultural Research and Development. 1997. *Study of Trends, Issues and Policies in Education (Indonesia Case Study)*. Country Sector Study prepared for ADB.

International Association for the Evaluation of Educational Achievement (IEA). 1995. *Third International Mathematics and Science Study (TIMSS)*, 1994-95. The Hague: IEA.

Irvine, J. 1995. *UNICEF and Education in South Asia*. Kathmandu: UNICEF Regional Office for South Asia.

—1997. *Monitoring Progress Towards Education for All: Reflections on Data Issues in South Asia*. Kathmandu: UNICEF Regional Office for South Asia.

Keeves, J. P. and Adams, D. 1994. Comparative Methodology in Education. In *The International Encyclopedia of Education*, edited by T. Huoen and T. N. Postlethwaite. Second edition. Oxford: Pergamon.

Kemmerer, F. 1990. An Integrated Approach to Primary Teacher Incentive. In *Improving Educational Quality: A Global Perspective,* edited by D. W. Chapman and C. A. Carrier. Westport, Conn.: Greenwood Press.

Kingdon, John W. 1995. *Agendas, Alternatives and Public Policy*. New York: Harper Collins College Publishers.

Kyrgyz Research Institute of Higher Education Problems, Ministry of Education, Science and Culture. 1997. *Country Report: Regional Study of Trends, Issues and Policies in Education*. Country Sector Study prepared for ADB.

Lee, W. O. 2002. *Equity and Access to Education: Themes, Tensions and Policies*. Series "Education in Developing Asia". Manila: ADB and Hong Kong: Comparative Education Research Centre, University of Hong Kong.

Lee, Y. 1997. Bottom-Up and Top-Down Strategies for Improving Classroom Instruction: Case Studies from Korea. In *Quality in Education: Community-Oriented Approaches*, edited by H. D. Nielsen and W. K. Cummings. New York: Garland.

Lewin, K. M. 1996. *Access to Education in Emerging Asia: Trends, Challenges and Policy*

Options. Manila: ADB.

Lissitz, R. W. and Schafer, W. D. 1993. Policy-Driven Assessment: An Old Phenomenon with New Wrinkles. *Measurement and Evaluation in Counseling and Development* 26(1):3-6.

Lockheed, M. E. and Longford, N. T. 1991. School Effects on Mathematics Achievement Gain in Thailand. In *Schools, Classrooms, and Pupils: International Studies of Schooling from a Multilevel Perspective,* edited by S. W. Raudenbush and J. D. Willms. San Diego: Academic Press.

Lockheed, M. E. and Verspoor, A. 1991. *Improving Primary Education in 20 Developing Countries.* New York.: Oxford University Press.

Mehrotra, S. and Buckland, P. 1997. *Managing Teacher Costs for Access and Quality.* Paper presented at the Conference on Teacher Pay and Incentives (UNICEF), Dakar.

Menou-Agueh, F. and Zevounou, M. 1996. *SFQI: The Case of Benin.* Paper presented at the 1996 Annual Meeting of the Comparative and International Education Society, Williamsburg, Virginia.

Miguel, M. M. and Barsaga, E. 1997. Multigrade Schooling in the Philippines. In *From Planning to Action: Government Initiatives for Improving School-Level Practice,* edited by D. W. Chapman, L. O. Mählck and A. E. M. Smulders. Paris: UNESCO International Institute for Educational Planning, and Oxford: Pergamon Press.

Mingat, A. 1996. *Elements in the Cost and Financing of Education in Lao PDR.* Dijon, France: University of Dijon.

Mitchell, R. 1992. *Testing for Learning: How New Approaches to Evaluation can Improve American Schools.* New York: The Free Press.

Morley, L. 1997. *Equity, Empowerment and School Effectiveness.* Paper presented at the International Seminar on Research in Teacher Empowerment and School Effectiveness at Primary Stage. National Council of Educational Research and Training, New Delhi, India.

Muhammad, H. 1998. *The Relationship Between School Resources and Student Achievement in Indonesia.* Ph.D dissertation. Pittsburgh, PA. University of Pittsburgh.

Murnane, R. J. and Cohen, D. 1986. Merit Pay and the Evaluation of the Problem: Why Some Merit Plans Fail and Few Survive. *Harvard Educational Review* 56 (1): 1-17.

Murphy, P., Greaney, V., Lockheed, M., Rojas, C. 1996. *National Assessments: Testing the System.* Series "EDI Learning Resources". Washington, DC: World Bank.

Nepal, Research Centre for Educational Innovation and Development, Tribhuvan University. 1997. *Trends, Issues and Policies of Education in Nepal: A Case Study.* Tripureshwor, Kathmandu. Country Sector Study prepared for ADB.

Nielsen, H. D. and Beykont, Z. F. 1997. Reaching the Periphery: Toward a Community-

Oriented Education. In *Quality Education for All: Community-Oriented Approaches,* edited by H. K. Nielsen and W. K. Cummings. New York: Garland.

Organisation for Economic Co-operation and Development (OECD). 1994. *Teacher Quality: Synthesis of Country Studies.* Paris: Centre for Educational Research and Innovation, OECD.

Pakistan, Institute of Development Economics. 1997. *Trends, Issues and Policies in Education: A Case Study of Pakistan.* Islamabad, Pakistan. Country Sector Study prepared for ADB.

Papua New Guinea, Department of Education. 1993. *Basic Technology for Grade 7 and 8.* Waigani: Department of Education.

Papua New Guinea, Institute of National Affairs. 1997. *Regional Study of Trends, Issues and Policies in Education: Papua New Guinea Country Case Study.* Country Sector Study prepared for ADB.

Pervez, M. 1993. *Basic Competencies of Children in Pakistan.* Islamabad: Pakistan Psychological Foundation, Quaid-i-Azam University.

Philippines, Development Academy of the Philippines. 1997. *Policies, Trends and Issues in Philippine Education.* Country Sector Study prepared for ADB.

Philippines, Government of. 1996. *Decentralization for School-Based Management and School Effectiveness.* Manila. Department of Educatlon, Culture and Sports.

Popham, W.J. 1987. The Merits of Measurement-Driven Instruction. MDI P Pro/Con. *Phi Delta Kappan.* 679-82

—1993. Measurement Driven Instruction as a "Quick-Fix" Reform Strategy. *Measurement and Evaluation in Counseling and Development* 26: 31-4

Rao, K. N. 1994. *Evaluation of an Andhra Pradesh Primary Education Project (APPEP) Training Course: A Case Study.* Hyderabad: British Council Division.

Raudenbush, S. and Bhumirat, C. 1991. The Distribution of Resources for Primary Education and its Consequences for Educational Achievement in Thailand. *International Jourual of Educational Research* 17 (2):143-63.

Rowley, S. D. and Nielsen, H. D. 1997. School and Classroom Organization in the Periphery. In *Quality Education for All: Community-Oriented Approaches,* edited by H. D. Nielsen and W. K. Cummings. New York: Garland.

Samuelson, R. J. 1998. It's Still a Depression. *Time Magazine.* May 18, 53.

Sarason, S. B. 1971. *The Culture of the School and the Problem of Change.* Boston: Allyn and Bacon.

Shukla, S., Garg, V. P. R., Rajput, S., Jain, V. K. and Arora, O. P. 1994. *Attainments of Primary School Children in Various States.* New Delhi: National Council of Educational Research and Training.

Tatto, M. T. 1997. Teachers Working in the Periphery: Addressing Persistent Policy Issues. In *Quality Education for All: Community-Oriented Approaches*, edited by H. D. Nielsen and W. K. Cummings. New York: Garland

Viet Nam, National Institute for Educational Development. 1997. *Project: Regional Study of Trends, Issues and Policies in Education: Viet Nam Case Study*. Country Sector Study prepared for ADB.

Warwick, D. P. and Reimers, F. 1995. *Hope or Despair? Learning in Pakistan's Primary Schools*. Westport. CT: Praeger.

Wheeler, C., McDonough, M., Gallagher., J., Namfa, B. and Duongsa, D. 1997. Linking School Change to Community Participation in Social Forestry: a Guided Innovation in Thailand. In *From Planning to Action: Government Initiatives for Improving School-Level Practice*, edited by D. W. Chapman, L. O. Mählck and A. E. M. Smulders. Paris: UNESCO International Institute for Educational Planning, and Oxford: Pergamon Press.

World Bank. 1991. *Islamic Republic of Pakistan: Review of Secondery and Intermediate Education*. Population and Human Resources Division, Country Department3, Washington, DC: World Bank.

—1997. *Primary Education in India*. Washington, DC: World Bank.

著者についてのノート

ドン・アダムス (*Don Adams*)　第Ⅱ部執筆

　ドン・アダムスはアメリカ合衆国,ピッツバーグ大学の教育政策研究の名誉教授である。彼はまた,比較・国際教育学会(CIES)の特別名誉会員,前会長でもある。彼は国際教育に関して多くの書籍,論文,モノグラフを著しており,しばしばアジアの国際機関のコンサルタントになってもいる。既刊書に, *Education and Modernization in Asia*(1970年), *Education in National Development*(1971年), *Education and Social Change in Korea*(Esther Gottlieb と共著, 1993年) がある。

アドレス：1106 Gilchrest Drive, Pitttsburg, PA 15235, United States.
E-mail: dkadams@pitt.edu

デビッド W. チャップマン (*David W. Chapman*)　第Ⅰ部・第Ⅱ部執筆

　デビッド W. チャップマンは,アメリカ合衆国,ミネソタ大学の教育政策・教育行政学科の教授である。彼の専門分野は国際開発援助である。この役割に関して,彼は世界銀行, U.S.AID, UNICEF, ADB, 米州開発銀行, UNESCO, さらに同様の組織と関わりながら30以上の国々で働いてきた。彼は6冊の書籍と100以上のジャーナル論文を書いたり,編集したりしてきた。それらの多くは,国際的環境の中における教育システムの開発に関係したイッシューを扱っている。既刊書に, *From Plannning to Action: Government Initiatives for Improving School Level Practice*(1997年, L. Mählck, A.Smulders と共編, Oxford: Pergamon), *From Data to Action: Information System in Educational Planning*(1993年, L. Mählck と共編, Oxford: Pergamon) がある。

アドレス：College of Education, University of Minnesota, 330 Wulling Hall, 86 Pleasant St. SE, Minneapolis, Minnesota 55455, United States.
E-mail: chapm026@tc.umn.edu.

　訳注：アドレスと E-mail は原著記載のものである。

監訳者あとがき

　本書は，アジア開発銀行と香港大学比較教育研究センターが2002年に刊行した5巻本の "Education in Developing Asia" 中の2巻を翻訳したものである（シリーズ全体の編者はマーク・ブレイ教授）。ちなみにその5巻とは：

Vol.1 Don Adams : *Education and National Development: Priorities, Policies, and Planning.*

Vol.2 David Chapman　*Management and Efficiency in Education: Goals and Strategies.*

Vol.3 Mark Bray　*The Cost and Financing of Education: Trends and Policy Implications.*

Vol.4 W.O.Lee　*Equity and Access to Education: Themes, Tensions, and Policies.*

Vol.5 David Chapman and Don Adams　*The Quality of Education: Dimensions and Strategies.*

である。このうち第2巻と第5巻を全訳したのが本書である。

　われわれの所属する神戸大学大学院国際協力研究科という部局は，伝統的な大学院と相当異なる研究科である。ことに私および翻訳者すべての所属している地域協力政策専攻は「地域の経済・法制度的発展を目指して，医療や教育及び都市問題にも目を配りながら，社会科学の実践的・理論的基礎と大局的知識をふまえたうえで，応用的・実践的な政策に携わる高度な国際協力を実践できる専門家の養成をめざします」（研究科オフィシャルHP, 2005年9月26日より）というだけに，海外青年協力隊やNPOに加入してフィールドワークを展開し，現地で活躍してこられた実務家の方々が，理論的に体系立った形で勉強したい

207

という理由で大学院に入ってこられるケースが多いのが特徴である。私のゼミ(教育協力論講座)についても私より年長の方が多く,授業やゼミを通じて「何かを教えている」という意識は全くなく,名実ともに一介の学徒として「一緒に勉強している」に過ぎない。ちなみに,本書の訳者はいずれも教育協力論講座に属している。そのうち,杉野竜美さん,正楽藍さん,江田英里香さんは川嶋太津夫先生のゼミに所属しており,他の5名は私のゼミに所属している。そのうち,山崎,原の両教授は,当然私よりも年長で教育研究両面で先輩であるが,学位の取得を目指して本研究科に在籍されており,現在私と一緒に勉強なさっている。なお,江田さんは今春より八洲学園大学に着任された。

　上記5巻の内,なぜ本書に訳出することになった2巻を選んだのかという理由について少し述べておこう。5巻とも大変重要な書籍であり,多くのインプリケーションを含んでいる。しかし,1冊の書物として訳出して刊行するには,やはり2巻が限度であり,それ以上の訳出・刊行は,紙幅,労力,採算のいずれの面でも難しいだろうということになり,2巻を選んだわけである。その際,これまで開発途上国の教育に関しては,マクロなプランニング,例えば国家の経済発展の関係からとか,地方分権化との関係からとかについてはしばしば論じてこられたが,具体的な学校教育の中身とそれを取り巻く環境については,まとまって論じられる機会は比較的少なかったと私は認識しており,したがって5巻中,学校の具体的な管理運営を論じた第2巻と,教授＝学習プロセスについて論じた第5巻をとりあげたのである。

　私を含む翻訳者のうち,大半がアジアに関心があり,その関係で上記文献を平成17年度のゼミで取り上げ講読しようということになったわけであるが,事前に私が目を通しているうち,今後のアジアの教育研究にとってきわめて重要な文献で,訳出する価値が大いにあると考えたところから,学文社の田中千津子社長に交渉し,出版していただけるとのお返事をいただいたうえで,翻訳の作業に入った。

　実際の翻訳と校正の作業は,大変だった。各翻訳者が分担箇所を訳出し,まず

■監訳者あとがき■

粗訳を作ったうえで,全員で訳文を検討し,その後監訳者が全体にわたって,大小様々な修正と調整を行った。その後さらに各翻訳者が自分の分担箇所を全面的に検討し直し,それらを再度監訳者が目を通すという手順を何度も繰り返し行った。しかし,慎重を期したつもりではあるが,思わぬ不適訳,誤訳もあろう。読者諸賢のご叱正とご批判を仰ぎたい。

なお原著には,引用された図表に関していくらかの数字の誤転記がみられる。原出典に当たり確認できるものに関してはすべて訂正し,その旨注記したが,原出典を確認できないものもいくつかあった。これらについては注記している。当然ではあるが,すべての図表に関して,こうした作業を行ったことを記しておく。

なお,本書の訳出にあたり,お茶の水女子大学文教育学部助教授の浜野隆氏,名古屋大学高等教育研究センター助教授の近田政博氏,広島大学大学院教育学研究科教授の大塚豊氏,長崎大学アドミッションセンター助教授の南部広孝氏,京都大学大学院教育学研究科院生の小原優貴氏,神戸大学大学院国際協力研究科OGの乾美紀氏(大阪大学大学院人間科学研究科助手)には出典,不明な箇所,訳語などについて懇切丁寧なご教示をいただいた。ここに記して感謝する。

さらに,学文社の田中千津子社長には毎度ご無理をお願いしており,心苦しいのではあるが今回も出版をお願いし,引き受けていただいた。校正の段階でも大幅な変更をしてご迷惑をおかけした。深甚なる謝意を表する次第である。

平成18年3月

神戸大学・鶴甲キャンパスの研究室にて

山内　乾史

索　引
（原著の Index をもとにして作成）

あ 行

IEA　91
アイスランド　91
アイルランド　91
アウトカム　8, 36-37, 42-43, 66, 89, 112, 144, 146, 160, 163, 168, 180, 183
アウトプット　36-39, 65, 89, 99, 102-103, 108, 160, 182
アクレディテーション・システム　31
アサインメント（割り当てられた任務）　52, 61
アジア開発銀行　ⅰ-ⅱ
アジア技術研究所
　（the Asian Institute of Technology）　75
アビリティ・グルーピング　107
アフリカ　123
アメリカ合衆国　91
イギリス　174
イスラエル　91
イニシアティブ　50, 57, 75, 82, 101, 156, 159, 171-172, 180
イラン　91, 105-106
イングランド　91
インセンティブ　31, 39, 46, 52, 54, 56, 61, 68, 82, 96, 122, 124, 147, 151, 161, 163-165, 167
インターネット　59, 77
インド　14, 45, 72, 104-106, 110, 113-121, 125, 128-130, 149, 151, 173, 190, 192, 194
インドネシア　13-14, 45, 48, 78, 92, 100, 104-106, 149, 151, 158-159, 163, 190, 192, 194-195
インプット　ⅰ-ⅱ, 17, 34-39, 44, 56-57, 65, 73, 89, 96, 99, 101-103, 108, 110-111, 129, 138, 154, 160, 181-182
ヴァヌアツ　14
ウズベキスタン　100, 190, 192, 194
運営　3-5, 7-11, 13, 20, 25, 27, 31-32, 39, 42, 46, 48, 54-59, 61-62, 67-69, 71-72, 95, 142, 145, 171-177
運営研修　56, 63, 67
運営者　4, 7, 17, 27, 29, 33, 43, 49, 62, 65-67, 69, 74, 145, 171
運営情報システム　18, 52
運営能力　3-4, 33, 54, 66, 69, 71
エチオピア　180
ADB　ⅰ-ⅲ, 13, 15, 24, 28-30, 34, 67-68, 70, 78, 81, 87, 97, 98, 102, 134, 138, 147-148, 186, 195-196
EMIS　48-49, 75, 77, 189, 191, 193
MoE　21, 71
エリート主義　169
遠隔教育　70, 177
OECD　117, 124
欧州連合　70
オーストラリア　91
オーストリア　91
オーナーシップ　183
オペレーション・ブラックボード　110, 113
オランダ　91

か 行

開発途上加盟諸国　3
学業成績　104, 108, 126-128, 139
学業達成　35, 37, 90, 95-96, 100-105, 109-111, 117-118, 126, 128, 130, 133, 155-156, 173-174, 189, 193
学習教材　113, 121, 154,
学習達成　87, 175
学習達成度　174, 179
学生の転編入　31
カザフスタン　13, 15, 100, 159, 190, 192, 194
学校運営　21, 43-44, 61-62, 125, 143, 145, 160, 170, 193
――者　41, 150
学校管理　3, 54
――者　23, 44, 47, 50-51, 62, 77
学校教育　33, 43, 81, 89, 93, 101, 116, 147, 178-179
――の管理者　33
――の質　33, 41, 116, 155
学校コミュニティ　107
学校＝コミュニティ間の結びつき　175
学校＝コミュニティの関係　9, 22, 142, 145, 152, 171, 176
学校＝コミュニティの相互作用　175
学校組織　142
学校地図の作製　64
学校とコミュニティの密接な結びつき　177
学校の運営　9
学校の質　87, 110, 113, 148-149, 157, 173, 178, 180, 185-187
ガーナ　180
カナダ　91

■索引■

ガバナンス　145, 149
カリキュラム　13, 15, 17-19, 41, 47, 70, 73, 77, 90, 94-96, 101, 106-107, 109-110, 113, 117-118, 125-126, 132, 134-135, 137-141, 153-156, 158, 162, 168, 176, 184, 187
　——の職業教育化　73
官と民のパートナーシップ　158
カンボジア　12-14, 19-20, 48, 51, 62-63, 70, 72, 138, 158, 190, 192, 194
管理　3-4, 8-9, 12-13, 17, 19, 22-23, 25, 51, 61-62, 147-148, 189
管理業務　171
管理者　4, 5, 8, 10, 12, 19-20, 22-23, 28, 30, 35, 38-39, 42-45, 47-50, 64, 77, 81, 87, 89, 129, 144, 154, 159, 164, 182-183
　——研修　66
　——と教員の全体の比率　23
　——と教員の比率　23
　——の停滞　29, 62
管理職　29, 51, 96
　——研修　60, 74
官僚　12
　——的組織　29
機会費用　55, 125
基礎教育　94-95, 117, 133-134, 150, 162, 165, 168-169, 189
ギニア　180
キプロス　91
基本給　151
基本的品質水準（FQLs：Fundamental Quality Levels）　179-181
キャリア移動　50-51
給与　23, 31-32, 50, 52-53, 55, 61, 93, 106, 114-115, 122-124, 136, 140, 144, 153, 161, 164-167
教育インプット　94
教育運営　3-5, 7-10, 12, 27, 33, 38, 40, 49, 55-56, 60, 67, 72, 112, 124, 146, 189, 191, 193
　——者　4, 7, 27-28, 34-35, 38-40, 42-43, 47-50, 52, 54-56, 60, 64, 74-75, 77-78, 82
　——情報システム　48
　——の問題, 政策, 情報に関するセミナー　64
教育改革　43, 49, 124, 146
教育学的スキル　120, 125, 150
教育学的実践　29, 77, 160, 164
教育ガバナンス　101, 124, 142, 157
教育管理　9, 75
　——者　19, 21, 35, 38, 49, 51-52, 54-55, 60-61, 65, 77, 135, 145
教育官僚機構　142, 157

教育局　13, 144
教育システム　3, 8, 10-13, 28-30, 33, 37, 40, 42-44, 48-50, 54-55, 64, 67, 72-73, 75, 78, 82, 87, 89, 93-95, 97, 109, 112, 117, 141, 144-145, 155, 158, 167-168, 171, 173, 176, 181, 183-189
教育システムの効率　35
教育省（MoE）　i, 9, 15, 20-22, 39, 47, 71, 101, 138, 140, 178
教育青年スポーツ省　12, 17
教育セクター　75
教育達成　89
教育投資　i
教育の運営　7, 17, 27
　——者　8
教育の管理　21
　——者　27
教育の質　3, 5, 7, 18, 42-43, 73, 87, 89-90, 94-97, 99-100, 113, 137-138, 141, 144-145, 147, 149-150, 154-155, 157-159, 163, 168, 170, 178, 184, 186-188
教育の質的改善　109, 148, 162, 178, 181-185
教育の質的改善プログラム　121
教育リソース　29, 33-34, 37, 39
教員　11, 22-23, 25-26, 29, 35-36, 43, 47, 50-52, 57-58, 61, 70-71, 77-78, 87-90, 92-96, 101, 106-107, 109-122, 124-130, 136, 143-144, 146, 151-154, 159-167, 169-170, 173-183, 185, 193
教員給与　11, 39, 93, 123, 161, 164-167
教員教育　15-16, 152-153
　——研修　96
教員／行政管理者の比率　25-26
教員組合の組織化　33, 82
教員研修　18, 60, 63, 70, 77, 95, 119, 162-163, 166, 181
教員コミュニティ（teaching community）　165
教員視察　57
教員準備プログラム　119
教員に対するインセンティブ　163
教員に割り当てられた任務　13
教員の教育学的スキル　22
教員の視察　23
教員の質　101, 117, 130, 149-150, 186
教員の出勤度　173
教員の準備　162
教員の選抜と配置　41
教員のパフォーマンス　114, 162
教員のモチベーション　163
教員へのインセンティブ　18, 52-53, 122, 163, 166, 181
　——・システム　52

教員への効果的なインセンティブ　33
教員養成　94, 114, 130, 137, 151, 154, 156, 159, 162
　——研修　117-118
　——プログラム　119
教科書　10-11, 13, 17-18, 35-37, 41, 53, 70, 78, 89, 93-94, 96, 99, 102, 104, 110-113, 119, 127, 137, 139, 141, 145, 153-154, 156, 166, 170, 176, 180, 185
教材　44, 53, 70-71, 92-93, 102, 105, 129, 133, 135, 138, 145, 154-155, 160, 166-167, 174
教授＝学習活動　87, 90, 94, 101, 103, 106, 119, 122, 145, 156, 158, 163, 170-171, 174-175, 178, 181, 186-187
教授＝学習プロセス　38, 108, 110, 124, 158-159, 182
教授活動　61, 93, 101, 103, 108, 121-122, 124-126, 134, 138, 145, 159, 160, 162, 164, 167, 187
教授言語政策　176
教授スキル　117-118, 162
教授法の視察　150
教職員1人当たりの生徒数　32
行政管理者数　25-26
教頭　24
ギリシャ　91
キルギス共和国　92, 100, 144-145, 190, 192, 194-195
クウェート　91
国別セクター研究（Country Sector Study=CSS）92
クラスサイズ　102, 104, 115
クラスター　191
　——・スクール　159
経常支出　165
継続的研修　117
経費　162
研究　32, 46-47, 54, 68, 73-74, 78-79, 102, 128, 164-165, 173-174, 187-188
研修　22, 27, 33, 42-43, 52-56, 60-71, 74-78, 81, 92-95, 118-119, 121-122, 133, 136, 145-146, 148, 161, 163, 167, 172, 176-177, 191
研修にかかる経常支出　162
研修プログラム　75, 87, 119, 122, 124, 143, 150, 161, 163, 172
現職教員教育　152
　——研修　117, 121
現職教員研修　92, 105, 110, 117, 119-120, 135, 159, 162
現職教員研修プログラム　114, 120
現職研修　61, 96, 162, 175
　——プログラム　174

現職職員研修　153
効果的な学校　102, 108-109, 145, 161, 170, 172, 174, 182, 193
　——教育　88, 101-102, 107, 110, 182
後期中等教育　99, 169
公正　45, 187
公正性　31, 45, 169, 184, 189, 191
構造調整政策　165
校長　8, 11, 21-24, 29, 42-44, 51, 53-54, 56-58, 61-63, 72-74, 106, 110, 144-146, 148, 150, 152, 154, 159, 161, 163, 166, 170-172, 174-175, 178
校長研修　71
公的資金　79-80, 82
高等　161
高等教育　3, 15, 31-32, 79-80, 116-117, 167, 169-170
高等教育支出　31
高等教育のユニットコスト　32
公平性　101
効率　3, 7, 13, 18, 33, 35-40, 46-47, 52, 55-57, 61, 68, 72, 81, 95, 101
公立学校　44, 46-48
効率性　81
国際援助　68, 70, 75
国際援助機関　4, 29, 66-69
国際援助銀行　78
国際機関　69, 71, 96, 151
国際協力機構［JICA］　70
国際的な資金　66
国際連合児童基金（UNICEF）　68, 121
国民1人当たりGNP　123
国民1人当たりGDP　123
国立教育調査・研修研究所（NCERT）　118, 120
コスト　10, 12, 35-40, 47, 51-52, 59, 68, 95, 98, 120, 148, 151-152, 155, 158-159, 163, 168, 171, 186
子どもの基礎能力　156
コミュニティ　9, 16, 22-23, 25-26, 28-29, 40-45, 47-48, 50, 57-58, 61, 70, 73-74, 79, 82, 109, 111, 124-125, 130, 134-136, 140, 142-148, 150-151, 153, 158, 160, 163, 171, 173-178, 181-186, 193
コミュニティ開発組合（community development associations）　22
コミュニティ＝学校協議会　151-152
コミュニティ協議会（community counsils）　22
コミュニティ参加　29, 40, 44, 191
コミュニティとの関係　57, 64, 73
コミュニティの巻き込み　18, 143
コミュニティ・ファイナンシング　41, 44, 58, 82

雇用　13, 28, 30, 46, 50, 60, 62, 67

さ 行

在庫管理　63
財政　15
財務運営　44, 64-65
財務会計　63
採用　161
サブサハラ・アフリカ　14, 142
サモア　14
CSS　95-96, 99, 114, 120, 131, 134, 138-145, 170, 195
GNP　14
視学官　22-24, 53, 66, 71, 144, 171-172
識字　131
資金供与　58
資金調達　193
視察　11, 19, 22, 53, 149, 162, 164, 166, 171, 174-175
　——者　152, 164
支出　14-15, 30, 38, 44, 67
システム　3, 8, 10-11, 18
　——管理者　8
質　7, 30, 34, 38-39, 46-48, 52, 56, 81, 89, 96, 113, 148-149, 153, 156-157, 162, 164, 189, 191
質的改善　37, 81, 87-89, 98, 113, 115-116, 148, 167-169, 172, 181, 184-186, 188
質の向上　167, 185
質の高い学校　95, 110, 113, 148
質の高い学校教育　87, 157
質の高い教育　89, 92, 150, 157-158, 160, 167, 185
質の保証　15
指導教材　36-37, 41, 43, 70, 94
指導戦略　39, 71
指導の視察　145
指導の質　38, 40, 47
指導のリーダーシップ　150
指導方法　39, 43
資本主義　72
社会主義　72
就学者　28, 30, 33, 45
就学者数　19, 34
就学前教育　16, 106, 168
周辺的グループ　176
修了　20
授業視察　9, 11, 22, 35, 56, 113, 185
授業に必要なもの　11, 35
主流文化　176
純就学率　184
準備　161

ジョイフル・ラーニング（Joyful Learning）　121
小学校　24-25, 134
情報システム　49, 82, 159-160
職業／技術教育　13, 16, 30-31
職業教育　3, 170
女性教員　126, 128, 130
初等　59, 104-105, 161
初等教育　3, 14, 16, 23, 28-29, 33-34, 45, 81, 90, 98-99, 132, 138-139, 167-168, 184
私立学校　15, 44-47
　——の運営者　46
私立の学校教育　40, 45-47
シンガポール　14, 45, 72, 90-91, 97, 114
新規教員養成　117
　——研修　117-120, 135
　——プログラム　12
新規養成　162
　——教育　151-152, 162
　——研修　61, 105
人口増加　8
人事　63
スクール・クラスター　70, 110, 121, 153, 161, 163
スコットランド　91
スタッフ・ディベロップメント　11, 64, 107, 125, 163, 167, 193
スリランカ　14, 100, 190, 192, 194
スロベニア　91
政策分析　75
生産関数　102
　——モデル　109
生徒対教員比率　114
生徒の学業成績　166
生徒の学業達成　156
生徒の学習　34, 41
　——活動　39, 57, 65, 73
生徒の成績　35
生徒の能力を評価する　20
世界銀行　70, 78, 102, 110-111, 114, 116-121, 127-130, 139, 155, 173, 175
セクター・アセスメント　78
組織化　50
粗就学率　184
卒業生　30, 76-77, 79
ソビエト連邦　100, 158, 169
ソロモン諸島　14, 42

た 行

タイ　14, 45, 75, 90-91, 100, 104-106, 110-112, 123, 158, 174, 190, 192, 194
大韓民国　14, 90-91, 97, 100, 106, 114, 123,

173-174
第3回国際数学・理科調査（TIMSS）　90-91
大都市部　51
対費用効果　70, 96, 106, 158, 187
台湾（China）　50, 97, 114
男性教員　126, 128
チェコ　91
地区の教育　9, 20
　――官僚　19, 72
地方　143
地方教育当局　142, 172
地方分権　9, 13, 21-22, 27
　――化　18, 20, 29, 33, 40-45, 50, 55, 57-58, 66, 69, 72-73, 81-82, 132, 143-150, 153, 171, 178, 181, 184, 189, 191
中華人民共和国　14, 23, 25-26, 47, 51, 66, 72, 93, 117, 143, 148, 151,
　――CSS　115
中等　59, 62, 104-105, 114, 161
中等教育　3, 14, 16, 23, 29-31, 34, 45, 59, 81, 90, 98-99, 117, 128, 139, 162, 167-170
中等後教育のコスト　79
中等普通学校　162
調査　102, 108-110, 157-159, 185, 188
朝鮮民主主義人民共和国　14
DMCs　3, 5, 9, 17, 19, 21-22, 27, 29, 32, 45, 48-50, 54, 56, 60-61, 66-67, 69, 71-72, 75, 77-79, 81-82, 87, 89-90, 93, 98-99, 102, 110-111, 114, 116-117, 124-125, 130, 137-138, 142, 144, 154, 161, 164, 167-170, 172, 184, 186
ティーチャー・エンパワーメント（Teacher Empowerment）　121, 125
ティーチャー・エンパワーメント・プログラム　121
テクノロジー　76-77, 96, 111, 122, 125
電子メール（Eメール）　77
トゥイニング・アレンジメント　74
トゥヴァル　72
動投　56-59
投資　i, 8, 148, 155, 158, 162, 175
東南アジア　90, 119, 151, 163
東南アジア諸国　161, 169, 185
都市の貧困層　150
都市部　23, 28, 51, 63, 99

な 行

内部効率性　90, 99
内部視察　145, 171, 174
ナウル　72
ナショナル・カリキュラム　71, 87, 137-138, 145, 155, 170

西・中央アフリカ　123
日本　45, 51, 91
ニュージーランド　91
ネパール　14, 20-21, 23, 48, 66, 72, 78, 95, 106, 120, 141, 143, 151, 167, 190, 192, 194-195
ネパールCSS　95
農村部　3, 23, 63, 99, 127, 130
ノルウェー　91

は 行

ハイアラーキー　60, 68, 172
パキスタン　14, 92-93, 97, 99, 115, 117-118, 126-128, 130, 138-139, 143, 151, 155, 173, 190, 192, 194, 196
パートナーシップ　ii, 157, 176
パプア・ニューギニア　14, 42, 93, 134, 140, 142, 159, 190, 192, 194, 196
パフォーマンス　66, 89-90, 95-96, 101, 103, 106, 114, 119, 122, 124, 136, 141-142, 155, 161, 163-165, 167-168, 180, 182-183
ハンガリー　91
バングラデシュ　14, 115, 119, 123, 158, 190, 192, 194
パンチャーヤット・ラージ　149
万人のための質の高い教育　151
PACU　17
PMMU　17
東アジア　28, 31, 47, 50, 62, 97-98, 116, 173
東アジア諸国　169
非政府組織（NGO）　69
PTA　11, 22, 110, 180
フィジー　14
フィリピン　14, 20, 22-23, 31, 44-45, 48, 50, 61, 75, 92, 100, 105-106, 124, 134-135, 139, 150-151, 158, 190, 192, 194, 196
フィリピンCSS　124
複式学級　17-18, 116, 118, 134-136, 171
ブータン　151
普通教育　116, 119
腐敗　40
フランス　174
プログラム運営　44, 50, 75, 82
　――とモニタリングのためのユニット　17
プロセス　63, 103
文化圏　147
分権化　40-43, 45
米国国際開発庁［U.S.AID］　70
ベトナム　14, 66, 68, 94, 99, 123-124, 130-132, 190, 192, 196
　――CSS　94
ベニン　180

辺境地　　130, 150-153
北米　　108
保護者　　11, 21, 35, 43, 47, 89, 125, 127, 129, 140, 144, 146, 156-157, 169, 176-177, 180, 193
ポルトガル　　91
香港（China）　　14, 72, 90-91, 97, 106, 114

ま 行

マニラ　　23
マレーシア　　14, 48, 97, 100, 104-105, 172, 190, 192, 194
南アジア　　28, 90, 97-98, 119, 122, 125, 142, 151, 158, 163, 185
南アジア諸国　　161
南・東アフリカ　　123
ミャンマー　　14
民営化　　45, 47, 157-158, 189
民間資金　　80
民間によって資金調達される　　47
民間による資金調達　　31-32
民間融資　　79
免許　　163
モニタリング　　4, 73, 75, 111, 151, 158, 168, 171, 178-179, 191
モルディブ　　14, 190, 192, 194
モンゴル　　14, 23-24, 100

や 行

U.S.AID　　70-71, 78
ユニセフ　　71, 78

ユニットコスト　　49
UNESCO　　14
ユネスコ・アジア太平洋地域中央事務所（UNESCO-PROAP）　　64
幼稚園　　34
読み書き計算能力　　28
ヨーロッパ　　108

ら 行

ラオス　　12-13, 34, 94, 116, 134, 162, 190, 192, 194
ラオス人民民主共和国　　12, 14
ラオスの職業／技術教育　　16
ラテンアメリカ　　123
ラトビア　　91
リカレントコスト　　162
リージョナル・センター（the Regional Center for Innovation and Technology (INNOTECH)）　　75
リソース　　3, 7-8, 10, 12, 17-20, 30, 34, 36, 39, 40-42, 44-45, 48, 51-52, 55, 59, 71, 76-77, 80, 82, 101, 104, 110-111, 113, 115, 134-135, 143-145, 148, 150, 153, 155-160, 163, 167-169, 172, 174-175, 177, 180-181, 185, 188
リーダーシップ　　4, 19-20, 23, 33, 41, 107, 113, 145, 147, 157-158, 167, 171, 174-175, 178, 184
リテラシー　　90, 93, 100
労働市場　　30, 98, 130
労働力　　77, 79

訳者紹介

監訳者：
　山内乾史（神戸大学大学教育推進機構／大学院国際協力研究科助教授）
　　原著はしがき，第Ⅱ部　イントロダクション，付録，著者についてのノート

訳者：
　杉野竜美（神戸大学大学院国際協力研究科博士後期課程院生）
　　第Ⅰ部　イントロダクション，第1章

　正楽　藍（神戸大学大学院国際協力研究科博士後期課程院生）
　　第Ⅰ部　第2章，第3章第1節〜5節

　山崎　恵（姫路獨協大学外国語学部教授）
　　第Ⅰ部　第3章第6節〜9節，第4章

　武　寛子（神戸大学大学院国際協力研究科博士後期課程院生）
　　第Ⅰ部　第5章，結論

　原　清治（佛教大学教育学部教授）
　　第Ⅱ部　第1章

　齋藤菜奈子（神戸大学大学院国際協力研究科博士後期課程院生）
　　第Ⅱ部　第2章第1節，第2節第1項〜4項

　江田英里香（八洲学園大学生涯学習学部専任講師）
　　第Ⅱ部　第2章第2節第5項，第3節，第4節，第3章第1節

　菅原大輔（神戸大学大学院国際協力研究科博士後期課程院生）
　　第Ⅱ部　第3章第2節〜5節，結論

監訳者略歴：

山内　乾史（やまのうち　けんし）
　1963 年　大阪府生まれ
　1986 年　大阪大学人間科学部卒業
　1991 年　同大学院人間科学研究科博士後期課程中途退学
　1991 年　広島大学大学教育研究センター助手
　1994 年　神戸大学大学教育研究センター講師
　1996 年　同助教授
　1998〜1999 年　ロンドン大学教育研究所客員研究員
　1999 年　神戸大学大学教育研究センター／大学院国際協力研究科助教授
　2005 年　同大学教育推進機構／大学院国際協力研究科助教授

〔主要業績〕
（単著）
『文芸エリートの研究――社会的構成と高等教育――』有精堂, 1995 年
『現代大学教育論――学生・授業・実施組織――』東信堂, 2004 年

（共著）
『学力論争とはなんだったのか』ミネルヴァ書房, 2005 年（原清治と共著）

（編著）
『比較教育社会学入門』学文社, 2003 年（原清治・杉本均と共編著）
『教育の比較社会学』学文社, 2004 年（原清治・杉本均と共編著）
『21 世紀のエリート像』学文社, 2004 年（麻生誠と共編著）
『現代アジアの教育計画（上・下）』学文社, 2006 年（杉本均と共編著）
『開発と国際協力の教育社会学』ミネルヴァ書房, 2006 年（単編著）

開発途上アジアの学校と教育――効果的な学校をめざして――

2006 年 8 月 10 日　第一版第一刷発行

編　者　アジア開発銀行
　　　　香港大学比較教育研究センター
監訳者　山内　乾史
発行者　田中千津子
発行所　㈱ 学文社

〒153-0064　東京都目黒区下目黒 3-6-1
電話 (03)3715-1501(代表)　振替 00130-9-98842
http://www.gakubunsha.com

乱丁・落丁は, 本社にてお取替えいたします。　　印刷／新灯印刷
定価は, カバー, 売上カードに表示してあります。　〈検印省略〉

ISBN4-7620-1579-2